Zu diesem Buch Das Alter ist vielleicht das letzte große Tabu unserer Zeit, jedenfalls in der westlichen Welt. Das Alter wird verschwiegen, verdrängt, belächelt, diffamiert. Die Alten gelten als unbequem, starrsinnig, verkalkt, als unproduktiv, unkreativ und vor allem als überanspruchsvoll. Beliebte Ferienorte älterer Menschen geraten bei den jüngeren in Verruf. Alte Menschen erinnern die Jungen allzu sehr an ihr bevorstehendes eigenes Alter und damit an die Vergänglichkeit ihrer Idole Schönheit und Jugend. Der Autor, selbst Angehöriger der jüngeren Generation, geht dem Tabu des Alters unbekümmert und provokant zu Leibe. Er analysiert die unheimliche Angst vor dem Alter und setzt ihr den Entwurf künftiger Möglichkeiten entgegen. Anschaulich schildert er das Leben von acht »wilden 80jährigen«, die auf jeweils eigene Weise zu einer Grenzen und Zeiten sprengenden Daseinsweise gefunden haben. Sie sind radikaler und kühner, mit einem Wort: jünger als alle und alles, was heutzutage als Jugendideal verherrlicht wird. In seinem Essay, einem Stück schonungsloser, intelligenter Kulturkritik, plädiert Hans Christian Meiser für eine vorurteilsfreie, geistig offene Auseinandersetzung zwischen den Generationen. Nur so kann für neue Generationen der Weg freigemacht werden in eine Welt des humanen Miteinanders.

Der Autor Hans Christian Meiser, Jg. 1957, Studium der Philosophie und Promotion, freier Schriftsteller und Übersetzer, Herausgeber der Reihen »Ausgewählte Texte« und »LeseLust« (bei Goldmann), schrieb Opernlibretti und das dokumentarische Theaterstück »Zum Beispiel Dachau«. Entwickelte TV-Projekte. Besucht auf journalistischen Reisen ungewöhnliche Menschen und Orte in aller Welt. Zu seinen Büchern gehören »Lebensabschnittspartner« (Frankfurt/M. 1991), »Der verlassene Mann« (Frankfurt/M. 1993) und zusammen mit Michael Görden »Madonna trifft Herkules« (Frankfurt/M. 1994) sowie eine Vielzahl von Herausgaben. Für den BR drehte er als Autor/Regisseur das Feature »Leben ohne Grenzen«. Zudem moderiert er die NDR/RB-Sendung »Menschen-Kunde«.

Hans Christian Meiser

Die jungen Achtzigjährigen

Plädoyer für ein Leben ohne Grenzen

Eine Provokation

Fischer Taschenbuch Verlag

Erweiterte Neuausgabe
Veröffentlicht im Fischer Taschenbuch Verlag GmbH,
Frankfurt am Main, Mai 1994

Die Erstausgabe erschien 1988 unter dem Titel
»Die wilden 80jährigen« im Wilhelm Goldmann Verlag, München
Für die Neuausgabe:

Gesamtherstellung: Clausen & Bosse, Leck
Printed in Germany
ISBN 3-596-12307-0

Gedruckt auf chlor- und säurefreiem Papier

Dem Gedenken an
Raimondo Principe della Torre e Tasso
Secondo Duca di Castel Duino

16.3.1907–17.3.1986

Inhalt

Und wenn sie gleich alt werden,
werden sie dennoch bleiben,
fruchtbar und frisch sein.

Psalm 92,15

Ein Narr oder Dummkopf wird
nicht dadurch beachtlich,
daß er ein hohes Alter erreicht
– im Gegenteil.

Otto Mainzer

Total crazy.

G.G.

Vorbemerkung zur Neuausgabe

Der große Erfolg des Filmes »Leben ohne Grenzen – Die jungen 80jährigen«, den ich als Autor und Regisseur zusammen mit Michael Schramm drehte, veranlaßt mich, die Vorlage des Filmes erneut als Buch herauszugeben. Seit dem Ersterscheinen des Buches sind nun sechs Jahre vergangen, Jahre, die gezeigt haben, wie ernst die Problematik der Überalterung der Gesellschaft ist. Die Zeit hat aber auch bewiesen, wie wenig die Verantwortlichen in Politik, Religion und Gesellschaft daran denken, vom Mythos des Ewig-Jugendlichen zu lassen, um sich statt dessen mit einer Neugestaltung der Gesellschaft auseinanderzusetzen. Sie müssen wohl erst selbst Betroffene werden, um zu verstehen, daß das Alter die größte Herausforderung bildet – nicht nur für die Gesellschaft als solche, sondern auch für jedes individuelle Leben. Ich hoffe, daß der Leser beizeiten sich dazu aufrafft, ein »Leben ohne Grenzen« zu führen, auf daß sein Dasein positiv beispielgebend andere beeinflußt und ihnen Mut macht.

Erster Teil

Plädoyer für ein Leben ohne Grenzen

Von der Notwendigkeit, ein Tabu zu brechen

»Tabus, obwohl unantastbar, vermehren sich erschrekkend.« Dieser unfrisierte Gedanke Stanislaw Lecs birgt Argwohn und Mißtrauen. Unfrisiert, argwöhnisch und skeptisch präsentiert sich auch das vorliegende Plädoyer für ein Leben ohne Grenzen, mit dem die Tabuisierung des Alters und des Todes zermürbt werden soll. Beharrlich und unbelehrbar klagt die Jugend das Alter an und beschwört damit eine widersprüchliche Situation herauf: Sie greift sich selbst implizite an, denn die Zwanzigjährigen von heute sind die potentiellen Alten von morgen.

Die Schrecken des Alters stehen nicht im Zentrum dieser Streitschrift, die sich die Verteidigung des Alters zur Aufgabe gemacht hat. Alltagsschilderungen sollen lediglich Wirklichkeitsnähe und Glaubwürdigkeit der Argumentation untermauern.

Wie aber kommt der junge Autor dazu, ein Werk über das Alter, noch dazu ein Plädoyer für ein Leben ohne Grenzen zu verfassen? Natürlich kann man ihm vorwerfen, daß er von etwas schreibe, wovon er aufgrund seiner »Jugend« nichts wissen könne. Er betrachtet ein solches Unternehmen nicht als Anmaßung und ist nicht bereit, die übliche Trennung von »jung« und »alt« zu akzeptieren. Körper-

Geist, Leib–Seele, Leben–Tod usf. sieht er stets als Einheit. Diese Fähigkeit, ganzheitlich zu denken und zu leben, scheint dem modernen westlichen Menschen vielfach verloren gegangen; er ist stolz, daß er zu klassifizieren gelernt hat: alt und jung, jüdisch und arisch, böse und gut. Das Alter aber ist von sich selbst aus weder böse noch gut. Schlimm ist allenfalls, was daraus gemacht wurde und wird.

Wo beginnt Alter? Wann beginnt Alter? Wer ist eigentlich alt? Und: Warum altert der Mensch überhaupt? Fragen, auf die Seniorenratgeber meist unkorrekt antworten, da sie allesamt die übliche Aufteilung in die verschiedenen Lebensabschnitte akzeptieren. Schon die Titel solcher Bücher sind mißlich: »Altwerden ohne Angst«, »Altwerden mit Bedacht«, »Alter als Chance«, »Alter als Stigma«, »Erfüllte Jahre«, »Das Glück der späten Jahre«, »Mutig alt werden«. Mit diesen sicher gutgemeinten, aber von falschen Voraussetzungen ausgehenden und gesellschaftlich *nichts verändernden* braven Ratgebern will ich mich in dieser Schrift nicht befassen. Es sei aber auf zwei grundlegende Werke zum Thema hingewiesen, auf Jean Amérys galligen Traktat »Über das Altern« und Simone de Beauvoirs Großessay »Das Alter«. Beide Arbeiten haben die Gedankengänge dieses Buches an mancher Stelle geprägt, auch wenn sich »Die wilden 80jährigen« deutlich von ihnen unterscheidet, ebenso wie von Senecas stoischer Erbauungsschrift »Von der Kürze des Lebens« und von Ciceros Lobgesang auf das Greisenalter, den er Cato d. Älteren anstimmen läßt. Die zwei letztgenannten Werke wären für das Leben nutzbringender, würden sie das Alter von einer Warte aus sehen, die etwas weniger hoch angesetzt ist.

Unter dem Stichwort »Alter« erscheinen in den Wörterbüchern neben geläufigen Zynismen wie »Herbst des Lebens«, »Hohe Zeit« oder »Goldene Jahre« durchwegs seelische Sprachgreuel, die der Mensch erfunden hat, um sich feinsinnig artikulieren zu können: Da setzt einer Moos an, wird grau, vergreist, verkalkt; ist senil, verknöchert, verknorzt, vertrottelt; hat schon viele Jahre auf dem Buckel (!); er kommt in die Jahre; es rieselt bei ihm schon der Kalk, er wird zum Sabber- und Tattergreis, gehört zum alten Eisen, ist ein Knacker und kein D-Zug. Die Begriffsverschlechterung ist eminent, wenn man bedenkt, daß das Wort »alt« vom westgermanischen »alda« stammt, daß nichts anderes besagt als »aufgewachsen«. Die »alten« Germanen scheinen zivilisierter gewesen zu sein als die Menschen im Zeitalter der Mondlandung und der Mikroelektronik; für sie bedeutete offenbar ein menschenwürdiges Leben eo ipso ein menschenwürdiges Alter.

Eine Teilung des Lebens in »alt« und »jung« scheint mir anzweifelbar. Daher wird sich der Leser daran gewöhnen müssen, daß diese Begriffe *und* Prädikate oft mit Anführungszeichen versehen sind. Die »Gänsefüßchen« dienen der Infragestellung der herkömmlichen Begriffsverwendung und -bedeutung. Eine Definition von »Alter« und »Jugend« ist zudem nicht möglich. Wie aber soll etwas behandelt werden, fur das es nicht einmal einen abgesteckten Wort-Raum gibt? Wir treffen bei den Phänomenen der Liebe, der Freiheit und des Todes auf ähnliche Schwierigkeit – und dennoch wurde nie davor zurückgescheut, über sie zu sprechen und zu schreiben. Auch das vorliegende Buch kann sich diesem Problem nicht entziehen. Da »Alter« jedoch offensichtlich nur bei Münzen, Wein, Drucken,

Stichen, Porzellan, Bildern und Büchern als *wertvoll* gilt, darf die ethische Dimension dieser Philippika nicht vernachlässigt werden. Die Argumentation wird also auch auf ein Wertbewußtsein und Wertverständnis des Lebens schlechthin zielen.

Als ich das Konzept dieser Zeitgeist-Provokation einigen Bekannten und Freunden vortrug, riet man mir, für den zweiten Teil außergewöhnliche 80jährige zu befragen, die einen hohen Grad an Ansehen in der Öffentlichkeit und in den Medien genießen. Beispiele und Möglichkeiten dafür – von Johannes Heesters bis Astrid Lindgren, von Herbert Karajan bis Luis Trenker – gäbe es zur Genüge; bekannte Namen, die sich »zur Sache« äußern, würden die »Attraktivität« des Buches steigern. Der Vorschlag war gut gemeint. Es ist indessen ein kompliziertes Unterfangen, Menschen, die man nicht persönlich kennt, *ohne Rückhalt* nach ihrem Leben, ihren Hoffnungen und Wünschen, ihren verpaßten Chancen und ihrem Glauben zu fragen. Ich entschied mich also gegen diese Möglichkeit, vor allem aber, weil solche Berühmtheiten schon *vor* ihrem »Alter« extrem aktiv und anerkannt waren. Ich sprach mit den Menschen, die mir nahestanden, deren Werk und Wesen, deren außer-gewöhnliche Erkenntnisse mich faszinierten. Menschen um die achtzig Jahre »alt«, die nicht vor dem »Alter« resigniert hatten, deren Vertrauen ich besaß und denen ich selbst vertraute. Ich sprach mit Malern, Schriftstellern, Philosophen und Unternehmern beider Geschlechter, mit acht ungewöhnlichen Zeitzeugen – »wilden 80jährigen«. Sie werden im zweiten Teil des Buches zu Wort kommen, um von einem Leben ohne Grenzen, von einem geistig und körperlich erfüllten Dasein im »Alter« zu zeugen. Darüber hinaus bietet dieses Buch einen Entwurf künftiger Möglichkeiten im Umgang mit dem »Alter« und dem Leben an sich.

Die damit eng verbundene Frage nach dem Sinn des Daseins löst sich erstaunlich einfach: Der Sinn des Lebens ist das Leben selbst. Das mag manch einem als Attitüde, anderen als Tautologie erscheinen, ändert aber nichts an der Aussage. »Endet der Pfad mitten in Petersilie?« fragt Hans Peter Dürr am Schluß seiner ethnologischen Untersuchung. »Sedna oder Die Liebe zum Leben«. Wenn nicht, wo endet er dann? Ob er überhaupt endet, darüber versucht die hier gebotene Streitschrift Auskunft zu erteilen. Und darüber, daß und wie es möglich ist, sich seinen *élan vital* trotz des »Alters« zu bewahren. Sie will eine Veränderung der »Altersstruktur« herbeiführen und die Endzeitstimmung, die sich stets mit dem »Alter« verbindet, in die Bereitschaft für ein Leben ohne Grenzen wandeln, das nicht mit einem »grenzenlosen Leben« verwechselt werden darf. Dem widerspricht die Endlichkeit des Menschen. Leben ohne Grenzen hingegen ist entfesseltes Leben, Dasein ohne hindernde Schranken.

Erst wenn, wie Jean Améry bitter anmerkt, die zahlreichen Adjektive, die mit der Vorsilbe »un-« beginnen – unfähig, ungeschickt, untauglich, unbelehrbar, unersprießlich, unergiebig, un-jung –, den »Alten« nicht mehr als Davidstern an die Brust geheftet werden, erst wenn die Befreiung von den Begriffen »alt« und »jung« stattgefunden hat, ist das Tabu des »Alters« und des Todes gebrochen. Ein Dasein ohne Grenzen, eine Welt des humanen Miteinander wird das Verantwortungsgefühl des Menschen so in Anspruch nehmen, daß er auf thermonukleare

Rüstung und Kriegsführung verzichten kann. Sprengstoff findet er nun anderenorts.

Dem Autor steht es in seiner Eigenschaft als Verteidiger des Alters nicht zu, ein abschließendes Urteil zu sprechen. Dazu ist jeder Leser selbst aufgefordert. Er soll verstehen lernen, warum es »Alter« im herkömmlichen Sinne nicht gibt und nicht geben kann, da dieses lediglich eine Folge gesellschaftlicher Machtstrukturen ist. Wem dies nicht behagt, der lege das Buch lieber schon jetzt zur Seite und erwerbe statt dessen ein »Seniorenkochbuch«, in dem unter Garantie schonendere Kost angeboten wird als auf den folgenden Seiten.

»Jung«sein um jeden Preis
oder
Der Kampf um das ewige Leben

»For ever young«: Nicht nur einer Generation, der gesamten Bevölkerung der westlichen Welt gilt dieser Appell als Lebens-Leitmotiv. Wem aber die Körperfunktionen abschrumpfen, die Haut erschlafft, das Gedächtnis einbricht, wem die Vitalität schwindet, kurz: wem die Zeit am Organismus nagt, dem ist jedes Mittel der pharmazeutischen Industrie willkommen, um seinen Kräfteverfall hinauszuzögern. Er, der »alt« wird, kann mit einem Mal nicht mehr an dem »*Wie* werde ich alt?« vorbei, die Frage bereitet ihm Unbehagen, zumal er eben in einer Zeitschrift eine Annonce »active bodies by adidas« gesehen hat. *Er* ist aktiv, sein Körper aber ist es nicht mehr. Von der Erkenntnis schockiert, abgetakelt, erschlafft, ein »Zombie« und ein »Gruftie« zu sein, wird er nichts unversucht lassen, »Jugend« zu erkaufen. In dem Verlangen, sein Schicksal zu bannen, sucht er sein Heil zunächst in einem Stutenmilch-Sanatorium, danach bei der Sauerstoff-Mehrschritt-Therapie; er läßt sich Frischzellen von Schafembryos injizieren, bevor er sich abschließend einer Thymus- und Feinstrom-Kur unterzieht. Lange Zeit hofft er auf die Wunder der Medizin, bis er einsehen muß, daß seine »Alters«qualität sich nicht verbessert hat und er trotz aller An- und Aufwendungen täglich altert und dem Sterben entgegeneilt.

»Jung«sein um jeden Preis bedeutet »jung«bleiben um jeden Preis. Wen freilich die Götter nicht lieben, den lassen sie auch nicht »jung« sterben; er stirbt »alt« – trotz Buerlecithin, Knoblauchpillen und der Kraft der zwei Herzen. Wozu aller Aufwand? Stirbt es sich mit weniger Falten besser? Ist ein geglättetes Milchsee-Gesicht schöner als die zerfurchte Ackerlandschaft des »häßlichen Alten«?

Häßlich ist, was man haßt, stellt der humanistische Pessimist Jean Améry fest. Dieser Sinnzusammenhang ist dem »Alten« bewußt. Er aber will nicht gehaßt, er will geliebt sein; und weil man ihm eingeredet hat, Schönheit, Jugend und Liebe seien identisch, meldet er sich spontan zur Seniorensanierung in der Beautyfarm am Tegernsee an. Daß der Begriff »Farm« eine Züchtung impliziert, stört ihn wenig, und daß dort ein knitterfreies, synthetisches Wesen fabriziert werden soll, das seine Aufgabe gerade für *die* Gesellschaft, die es zum Jungsein und Jungbleiben verdammt, zu erfüllen hat, kümmert ihn nicht. Denn die Sorge um den erhöhten Cholesterinspiegel umklammert wie eine Chimäre allmählich sein Bewußtsein. Fit statt fett, sagt er sich, jung statt alt, wenn ich das schaffe, dann...

Die Glorifizierung der »Jugend« entspringt einer unendlichen Furcht vor dem Alter und dem Verlust an Liebe. Wenn – wie schon geschehen – ein alternder amerikanischer Millionär Zellen von sich deponieren läßt, damit eines Tages im Klonverfahren Duplikate seiner selbst hergestellt werden können, so gleicht sein Drang nach Unsterblichkeit dem Wahn von Herrschern vergangener

Jahrtausende, die sich in gigantischen Werken sie selbst überdauernde Denkmäler errichteten.

Pharaonen, Gott-Herrscher und Götter wurden meist erwachsen oder vital-alt, niemals jedoch gebrechlich und senil dargestellt, die christliche Gottvater-Gestalt aber meist als alter weiser Mann mit langem weißen Bart.

Bei Richard Wagner dagegen schwelgen die Götter in ewiger Jugend – irrtümlich, wie sich herausstellt. Denn auch sie müssen sterben. Hinter der Bühne wartet jedoch bereits ein neuer Gott. Er nimmt nun abermals den Kampf um das Ewig-Sein auf und wird nichts unversucht lassen, einerseits das Leben medizinisch zu verlängern und andererseits den globalen Untergang und die kollektive Selbstvernichtung voranzutreiben. Er bezahlt 10000 Mark pro Behandlungszyklus in der Frischzellentherapie und bestellt sich ohne Bedenken im Restaurant einen »Seniorenteller«, wobei die Enkel je einen Kinderteller »Bambi« erhalten, Beilagenänderung eine Mark.

Dieser neue Gott, wenn auch schon »in die Jahre gekommen«, ist mächtig. An Allmacht jedoch mangelt es auch ihm; denn sooft er auch seinen Status quo verleugnet, kann er doch nicht vor sich selbst entfliehen. Er hält sich für funktionstüchtig, denn er muß funktionieren, um anderen Vorbild zu sein.

Da der Deus novus juvenil bleiben muß, darf er unter keinen Umständen altern. Wenn aber ein zweifelhafter medizinischer Fortschritt zu einer Überalterung der Gesellschaft führt, dann müssen andererseits Alters-Verhinderungsmechanismen erdacht und unter die Leute gebracht werden. »Wo lassen Sie verjüngen?« wird zum Ersatz für »Wie geht es Ihnen?«, auf das ohnedies nie eine ehrliche

Antwort gegeben wird. Je mehr das »Alter« verdrängt, je mehr die »Jugend« in Sport und Showbusiness vermarktet wird, je weniger der einzelne Mensch zu einem gelungenen »Alten« reifen darf und je intensiver die Werbung ein nicht existentes Menschen-Idealbild vorgaukelt, desto mehr stellt sich die Frage, *wofür* oder *für wen* man eigentlich »jung« zu bleiben hat.

Der Wunsch nach anhaltender Jugendlichkeit ist kein neuzeitliches Phänomen. Die Schlacht um ein immerwährendes Leben, die Sehnsucht nach den Freuden endloser Jugend trägt archetypische Züge. Von dem Moment an, da sich der Mensch seiner Vergänglichkeit und Sterblichkeit bewußt wird, strebt er mit allen zweckdienlichen und -heiligenden Mitteln danach fortzudauern. Er hängt am Leben, fürchtet den Tod, will sich wenigstens in seinen Nachkommen oder seinen Werken einer späteren Welt erhalten. Dennoch bleibt er unvollkommen und stirbt, die Welt entzieht sich ihm, und nichts bleibt zurück.

Der Drang zum Leben, zur »Jugend«, zur Verlängerung der Gegenwart, kann anhand der Einsichten der Freudschen Triebtheorie erhellt werden: Aus dem Zusammen- und Gegeneinanderwirken der Lebens(Eros)- und der Todes(Thanatos)triebe erklären sich die Phänomene des Lebens, das selbst nichts anderes ist als ein sinnloser Umweg über die Lust zum Tod: das Ziel allen Lebens der Tod. Und weil das Unbelebte früher war als das Belebte, das Anorganische eher als das Organische, versucht alles Lebende, in den ursprünglichen Zustand zurückzukehren, wogegen sich allerdings die Sexual- und die Selbsterhaltungstriebe auflehnen und diesem Drang zum Tode einen Schrei nach Leben entgegenstellen.

Da diese Sichtweise jedoch von einem rein physikalischen Determinismus ausgeht, nützt sie einer Klärung der Frage, woher die Sucht des Menschen zum »Jung«-sein und die damit verbundene Angst vor dem »Alter« und dem Tod rührt, letztlich nichts. Auch wissen wir nicht, weshalb der Mensch altert. Die lange Zeit favorisierte Abnützungstheorie gilt nicht mehr, einmal, weil sich – nach medizinischer Erkenntnis – die Organe ständig von selbst erneuern, zum anderen, weil sie unterschiedlich rasch, teilweise auch gar nicht »altern«. Selbst eine »Materialerneuerung« würde keine ewige Jugend garantieren.

Die wirkliche Altersursache ist unbekannt. Vieles aber spricht für eine »genetische Fixierung«, die entweder auf eine Selbstvergiftung der Zellen oder ein in der DNS gespeichertes Programm schließen läßt, auf ein »Todesgen«, das eines Tages das Sterben anfangen läßt. Wenn wir dieses Todesgen tatsächlich in uns tragen, wären wir von der Schöpfung oder der Natur oder von welcher Macht auch immer auf den Suizid hin programmiert. Der Gedanke ist verführerisch, blieben dann doch die Ausgaben für Rüstung, Verschrottung, erneute Rüstung und erneute Verschrottung usf. eingespart. Gäbe man statt dessen das Verteidigungsbudget für die Erforschung und Entwicklung von Sexualität, Erotik und Liebe aus, würde damit das einzig Wesentliche gefördert werden, was alle unnützen, durch Sublimation erzielten, menschlichen Kulturleistungen ihres Sinnes enthöbe; die wahre Lust am eigenen wie am anderen Geschlecht – Liebe in einer liebesentmächtigten Welt und damit verbunden das vorbehaltlose Verstehen und gegenseitige Annehmen der verfeindeten Generationen.

Da die moderne Medizin nicht viel über die biologischen Ursachen des Alterns weiß und die technische Entwicklung ihrerseits – davon wird später zu sprechen sein – will, daß die »Alten« immer »jünger« werden, der Mensch also möglichst bleiben soll, wie er gegenwärtig ist, nimmt unser Verhältnis zum »Alter« mehr und mehr paradoxe Züge an. »Das Alter des Menschen, wie es sich heute darstellt, ist gar nicht sein natürliches, es ist ein künstliches, von der Gesellschaft gemachtes«, schreibt Simone de Beauvoir. Das natürliche Alter geht mit der lebenslänglich anhaltenden Wandlung von Zellteilen des Organismus parallel, und es ist – sowohl onto- wie phylogenetisch – erblich. Keiner kann sich diesem Erbe entziehen; dennoch ist manch einer von der eigenen Unsterblichkeit überzeugt, schon deshalb, weil er sich seinen Tod nicht vorstellen kann.

»Alter« ist weder Schicksal noch Krankheit, es gehört wie die Geburt zum Kreis des Lebens und kann wie die Liebe erlernt werden. Doch auf keiner einzigen Schule und erst recht nicht auf den Universitäten wird lieben und altern gelehrt. Eine Prophylaxe gegen das »Alter« von Jugend an gibt es nicht, wird es nicht geben; das gehört zum Wesen des eingangs geschilderten Tabus. »Vorgesorgt« werden soll auf den Schönheits-Zucht-Anstalten, wo der begüterte Kunde, koste es, was es wolle, von den »Zeichen der Zeit« befreit werden will. Um den Sinn dieser Prozedur zu begründen, sind der Phantasie keine Grenzen gesetzt.

Den Drang nach Revitalisierung greift schon eine Sentenz Voltaires an, nach der wir in der einen Hälfte des Lebens unsere Gesundheit opfern, um Geld zu erwerben, und in der anderen Geld opfern, um die Gesundheit wiederzuerlangen.

Unsummen an Steuergeldern wurden auch aufgewendet, als die New Yorker Freiheitsstatue mit ihren achtundneunzig Jahren »geliftet« wurde, um bei der Zweihundertjahrfeier der amerikanischen Unabhängigkeitserklärung »jugendlich« und frisch zu wirken. Die Amerikaner wußten genau, wie sehr sie damit der eigenen Imagepflege dienten, hatten sie doch als erste begriffen, daß nur der als wirklich »alt« gilt, der sich selbst als vergangen, »zum alten Eisen gehörig« ansieht.

Wenn ein Kleiderproduzent nach eigener Aussage Mode für Frauen und Mädchen *ohne Alter* verkauft, bedeutet dies nicht, daß der Drang nach ewiger »Jugend« plötzlich einen Sieg errungen hätte, eher zeigt es etwas vom Bewußtseinszustand der Käufer. Schlendert einer über den Jahrmarkt des schönen Scheins, wird er sich den modischen Einflüssen kaum entziehen können. Sollte ihm dabei Liv Ullmann begegnen, wird sie ihm erklärend anvertrauen: »Nichts verrät das Alter so erbarmungslos wie Knie und Arme. Deshalb trägt die kluge Frau über 45 keinen kniefreien Rock und kein ärmelloses Kleid.« Ob es jedoch »klug« ist, das »Alter« zu verbergen, hält er für problematisch, da er weiß, daß an den Klagen über das Alter höchstens der Charakter schuld ist, nicht aber das Alter selbst.

Solange der Mensch alles begehrt und alles festhält, als müsse er nicht sterben, und lebt, als sei er ewig da, solange er in den Fluß der Unsterblichkeit, dessen Quelle nach christlicher Auffassung im Garten Eden liegt, steigen will und die Unendlichkeit in sein Zeitempfinden hineinpressen möchte, solange die »Jugend« das »Alter« verdrängt und der »tolle Mensch«, die »beautiful people« immerzu blühen und schön sein wollen, solange wird der Wahn vom endlosen Leben durch die Gehirne jagen. Wenn das »Alter« an sich nicht schlimm sein kann, sondern nur das, was in einem gesellschaftlichen Prozeß daraus entsteht, ist es nicht einmal so erschreckend, *was* wir aus ihm machen, sondern vielmehr, was *wir* aus ihm machen.

Wohl diskutieren Jugendliche über die vor ihnen liegende Zeit, die »Alten« aber, denen die Zukunft nicht mehr gehört, dürfen sich nicht mehr an diesem Gespräch beteiligen. Dennoch wird unverbrüchlich auf der Vision einer Verlängerung des Daseins beharrt, obwohl man dieses weder verlängern noch verbreitern, sondern höchstens vertiefen kann. Nach Marie E. Lange-Ernst lautet die Zielsetzung der Gerontologie, daß nicht die bloße Verlängerung der gelebten Jahre oberstes Gebot sein könne, sondern daß vielmehr vorbeugende, ganzheitliche und verständliche Möglichkeiten darzulegen seien, um den biologischen Alterungsprozeß zu verlangsamen. Solches Bemühen ist jedoch trügerisch, weil das Problem nur um ein, zwei oder zehn Jahre verschoben, nicht aber in seiner Wurzel erkannt und bewältigt wird. Ziel aller Anstrengungen muß eine neue, andere Einstellung zum »Alter« sein.

Je weiter wir uns von einem *natürlichen* Alter entfernen, desto schneller werden wir zu Sklaven unserer eigenen maßlosen Wunschvorstellungen. Menschliche Freiheit offenbart sich nicht darin, mit sich zu machen, was man will, eher schon in dem, was einer soll. Wer immer *nur* jung, *nur* schön, *nur* begabt usw. zu sein begehrt, wird auf Dauer unglaubwürdig und wirkt ermüdend. Nichts ist gegen eine vernünftige Gesundheitsvorsorge einzuwenden, im Gegenteil »spätere« Gebrechen vorzeitig zu bannen, ist ihr zentrales Anliegen, doch der absurde Versuch, das Leben selbst zu verlängern oder den Körper à la »Ironman« Schwarzenegger immer mehr zu stählen, beweist im Grunde nur die Hybris des Menschen und sein Unvermögen, sich so anzunehmen, wie er ist: als verletzbares Tier, ausgestattet mit Sprache, Vernunft und Verstand, Gefühl und Willenskraft. Doch selbst wenn die Flut von Wiederaufbereitungsanlagen, chiroplastischen Kliniken, Bodystyling- und Fitness-Studios eines Tages abebben wird, geht der Kampf um das ewige Leben weiter, Jahr für Jahr, Jahr *um* Jahr, solange wohl, wie der Homo »sapiens« noch existiert.

Zeit und Sein
oder
Der letzte Countdown

Auf einer Strecke von A nach E, die neunzig Kilometer lang sein soll, bewegt sich ein Mensch. Es ist kein gewöhnlicher Weg: Der Mensch wird pausenlos vorwärts getrieben, jede Umkehr ist verboten, ein Zurück ausgeschlossen. Von ferne sieht der Wanderer am Ende des Weges vor einer Tunnelöffnung ein Schild, ein rot umrahmtes Dreieck mit schwarzem Ausrufezeichen auf weißem Hintergrund. Der Mensch erschrickt, versucht sich umzudrehen, will rückwärts laufen, allein jede Anstrengung, wenigstens einen Meter nach hinten auszuweichen, mißlingt. Trotz seiner Kräfte und Willensstärke zieht ihn das Schild am Eingang des Tunnels unerbittlich an. Er weiß jetzt, daß er sich in einer Sackgasse befindet, in die keine Seitenstraßen münden. Er muß weiter. Gelegentlich kann er sich ausruhen, dann treibt es ihn wieder vorwärts. Mag sein, daß er ein »Licht am Ende des Tunnels« wahrnimmt, doch er muß in diesen Tunnel hinein, der schwarz ist, schwarz wie der Tod.

Der Mensch, von dem hier die Rede ist, war »jung«, als er auf seinen Weg gebracht wurde. Gelegentlich fühlte er sich schon in diesen frühen Jahren einsam und versuchte sich vorzustellen, wie die Einsamkeit ihn im »Alter« überfallen würde. Er sah sich in einer großen Stadt in einem geöffneten Schallschutzfenster lehnen, die Ellenbogen auf ein Kissen gestützt, und auf den unter ihm ohne Unterbrechung dahinfließenden Verkehr blicken. Die Frage nach Zeit und Sein, über die er sich oft Gedanken machte, schien ihm falsch gestellt. Zeit und Sinn müßte es eigentlich heißen. Bald jedoch bemerkte er, daß es zu spät für Zeit und Sinn war, daß ihm Zeit und Sinn verlorengegangen waren. Obwohl dieser Mensch ständig mehr Freizeit hatte, als ihm lieb war, verfügte er über immer weniger Zeit. Früher hatten seine Freunde ihn noch mit »Du scheinst ja viel Zeit zu haben« gehänselt, wenn er wieder einmal ein halbes Jahr auf Patmos »zum reinen Zeitvertreib« oder »um sich zu finden« verbracht hatte. Nun spürte er, daß der Vorwurf irgendwie berechtigt gewesen war. Denn er war mittlerweile schon um einiges »älter« geworden und merkte jetzt, daß ihm nicht viel von seiner eigenen, privaten Zeit geblieben war. Mit dem Zeitverlust ging untrennbar eine Sinneinbuße einher.

Obwohl wir »Zeit« letztlich nicht begreifen können, verstehen wir doch alle mehr oder weniger dasselbe darunter und versuchen, uns mit ihr zu arrangieren. Um die physikalische Zeit kümmern wir uns nicht, obwohl uns die Physik täglich damit konfrontiert. Auch die psychologische Zeit, die den Gang der Ereignisse nicht bremst, sondern eher vorwärts treibt, übersehen wir geflissentlich, von der biologischen ganz zu schweigen. Wir sprechen von der *gesellschaftlich bedingten* Zeit, d.h. von jener Frist, welche die Gesellschaft dem einzelnen läßt, um vom »Jung«sein zum »Alt«sein zu gelangen, und erörtern den »letzten Countdown«, der schon mit der Geburt, respektive der Zeugung beginnt. Hier kann keine philosophische oder physikalische Beleuchtung des Phänomens »Zeit« geboten werden, ebensowenig wie eine Untersuchung, ob es Zeit an sich gibt oder nicht. Die Argumentation geht vielmehr von dem alltäglichen Verständnis dessen aus, was »Zeit« genannt wird.

Für den »jungen« Menschen, und den »alten« um so mehr, läuft die Zeit gnadenlos auf ein Ende hin, das keiner begreift und das vielen nur einen Neuanfang im ewigen Spiel von Werden und Vergehen bedeutet. Zeit ist immer »altern«, falls man anerkennt, daß beides überhaupt existiert. So betrachtet laufen biologisches und kalendarisches »Alter« nicht parallel, stimmen nicht miteinander überein. Und dennoch bleibt das Alter »Biomorphose«, wie es Max Bürger, der Begründer der deutschen Gerontologie, nannte, ist »jede irreversible Veränderung der lebenden Substanz als Funktion der Zeit« zu sehen. Dieser Versuch einer Definition trennt das sogenannte »Unbelebte« vom »Alter«. Man kann aber, so man »Alter« zuläßt, nicht alles offiziell »Nicht-Lebendige« von ihm isolieren, da dann die Erde, die Welt, das Universum, alles also, was nicht Mensch, Tier, Pflanze oder Mikroorganismus ist, von jeher *tote* Materie wäre. Diese aber kann nicht endgültig »tot« sein, weil sie – wie auch die Energie – Veränderungen unterworfen ist und Veränderungen bewirkt. Materie kann also im eigentlichen Sinne nicht unbelebt sein, im Gegenteil: Es fliegt nicht nur »alles, was Flügel hat«, es lebt auch alles, was ist – und es lebt nicht nur als Funktion der Zeit, sondern als illusionäre Zeit selbst.

Der »alte« Mensch aber, der fragt, was »morgen« sein wird, hat im Gegensatz zum »jungen« die Zeit nicht mehr *vor* sich, er sieht sie als Vergangenheit *hinter* sich, denn das kurze Stück Weges, das vor ihm liegt, ist für ihn ohne Zukunft. Sein *Verständnis* von Zeit ist irrtümlicherweise fokussiert-linear, und nur gelegentlich erlaubt er sich einen Blick zurück auf das, was er leichtfertig Erinnerung nennt. Würde er dagegen Zeitbewußtsein und Zeitempfinden so begreifen, daß es »Zeit« als solche nicht gibt, sondern nur als Wandlung und Ortsveränderung, müßte er weder seine Vergangenheit mit sich herumschleppen noch sich um die Zukunft sorgen. Er stünde in absoluter Gegenwart, im Jetzt und Heute. Der Widerspruch in Redewendungen wie »Jenseits von Zeit und Raum« wäre endlich aufgedeckt. Denn wer fragt, was vor der Zeit war, nimmt an, daß es vor der Zeit eine Zeit gab, in der es *keine* Zeit gab; und wer unbedingt wissen möchte, was jenseits des Raumes ist, setzt voraus, daß es jenseits dieses Raumes einen Raum gibt, in dem es *keinen* Raum gibt. Zu dieser Wirrnis trägt auch noch die Kantsche Definition der Zeit als die formale Bedingung a priori aller Erscheinungen überhaupt bei. Backmann hingegen beschreibt die biologische Zeit als eine Wegstrecke, die durch die Aufeinanderfolge bestimmter natürlicher Lebensereignisse markiert ist.

Das mag sein, denkt der »alte« Mensch und kann herzlich wenig damit anfangen; eher verspürt er, wie seine Sonne langsam versinkt. »Carpe diem« wird ihm zugerufen, doch wie soll er den Tag nützen, da doch der Lebensabend naht und ihm kein neuer Tag beschieden ist. Er trinkt noch ein Glas Rotwein, Chianti Classico Riserva, aber nicht, weil es ihm schmecken würde.

Wenn die Zukunft nicht dem »Alter«, sondern allein der »Jugend« gehört, liegt sie in Händen von potentiellen Alten. So gehört Zukunft also doch dem »Alter«, möchte man meinen. Sie gehört ihm, aber sie *bleibt* ihm nicht. Der »alte« Mensch wird auf den Platz des Zuschauers verwiesen: Ich war in der Welt, und jetzt ist die Welt von mir getrennt. Ich ging auf einer Straße voller Hoffnungen und Pläne, jetzt bin ich in eine Sackgasse geraten und weine um meine verpaßten Lebensziele. Ich resigniere vor *der* Zeit und *vor* der Zeit. Zweimal wurde ich mit ihr entscheidend konfrontiert: Als die Kinder das Haus verließen und uns – die Eltern – nicht mehr *brauchten*. Dann, als ich zu arbeiten aufhörte, in Rente ging und mich jetzt endgültig *keiner* mehr brauchte. Der Aufstieg zum Gipfel des Lebens schien beschwerlich und steinig, nun steige ich herab, die Ziele relativieren sich, ich will nur noch eines – möglichst unversehrt ankommen. Mein Abschied von der Welt vollzieht sich schleichend. Täglich wird sie ein Stück weniger, und ganz langsam entwickelt sich aus dem zufriedenen jungen Herrn, der mit sich und dem Leben im Einklang stand, ein überflüssiges Nichts, das seinen Platz räumen muß.

In der Schweiz sind 17 Prozent, in der Bundesrepublik 56 Prozent und in Österreich 74 Prozent der Menschen zwischen 60 und 70 Jahren nicht mehr erwerbstätig. 1986 lebten in der Bundesrepublik 188700 Menschen, die 90 Jahre und älter waren. Im Vergleich dazu lag 1950 die Zahl noch bei 20000, 1960 schon bei 40000, 1970 waren es bereits 82000. Die Prognose für das Jahr 2000 lautet 444000. Nur jeder Hundertste stirbt laut amtlicher Statistik den Alterstod, der einzigen »Krankheit«, die allein dem Alter vorbehalten ist; alle anderen Leiden können – mit

Ausnahme der Kinderkrankheiten – im Alter nur häufiger auftreten als bei Menschen in ihren »besten« Jahren.

Sollte diese Möglichkeit auch genetisch vorprogrammiert sein und das vermutete Todesgen tatsächlich existieren, so wäre das Leben zumindest biologisch vollständig vorherbestimmt. Das Schicksal des Menschen läge dann zwar nicht mehr unter dem Einfluß der Sterne, doch das Fehlen jeglicher Selbstbestimmung und persönlicher Freiheit, wie es die Astrologie verkündet, wäre letztendlich bestätigt. Walter Theimer berichtet von Plattwürmern, die den Alterstod vermeiden, indem sie sich beizeiten in einige Stücke teilen, von denen sich jedes einkapselt. Nach einiger Zeit entspringt jeder dieser Kapseln ein junger Wurm: »Eine merkwürdige Art der Verjüngung, eher eine Art Selbstmord im Interesse der Arterhaltung.« Sollte die Lebensdauer des Menschen *nicht* genetisch festgelegt und er somit zu biologischer Freiheit »verdammt« sein, könnte man sich getrost fragen, ob dies von Vorteil wäre.

Es ist die Zeit des »Alten« von der des »Jungen« grundverschieden, obwohl sich beide in derselben Zeit ändern und verwandeln: Ihr *Zeitempfinden* ist unterschiedlich. Die großen Ferien empfindet ein Erstkläßler wesentlich länger als ein angehender Abiturient. Zwischen einem zehnjährigen Mädchen und einem zwanzigjährigen jungen Mann liegt ein »größerer« Abstand als zwischen einer Zwanzigjährigen und einem Dreißigjährigen, obwohl der Unterschied der Jahre beide Male gleich groß ist. – Für das *Zeitbewußtsein* aber gilt Schopenhauers Spott, daß alte Menschen *schneller* leben. Im »Alter« wird Zeit nicht mehr ausgedehnt und endlos erfahren, sondern als etwas Sich-Verengendes, Beschleunigendes, Schrumpfendes, Abnehmendes. Das

Tempo der Zeit nimmt im »Alter« zu, und im Bewußtsein dominiert die Vergangenheit. Die »Welt« entschwindet dem 80jährigen, er wird enträumlicht.

Selbst wenn ein »Alter« versuchen sollte, sich »Welt« wieder anzueignen, stößt er auf beinah unüberwindliche Schranken. Schon die Technik verängstigt ihn und hält ihn ab, mit Modulen, Bordcomputer, Walkman, Telespielen, Autoreverse, CD und MC, VF und ASC umzugehen, geschweige denn sie zu verstehen. Dennoch liegt für ihn in der technisch-elektronischen Entwicklung eine von dieser unbeabsichtigt vorgegebene Chance: Je mehr Service-Ingenieure, Fertigungsplaner, Field Application Engineers, Software-Entwickler, Störfeld-Systemanalytiker, TP-Koordinatoren und Support-Spezialisten gebraucht, gesucht und gefunden werden, desto größer wird das Bedürfnis der Gesellschaft, den Verlust an geistigen Werten auszugleichen. Eines Tages wird der Wissende als jemand gefragt sein, der noch weiß, wer *Thomas Mann* ist oder wie das achtzehnte Sonett von *Shakespeare* lautet.

»Bildung« wird, wenn die Technik sich ad absurdum geführt hat, der »Schlager« schlechthin sein, doch werden dessen Interpreten dann weniger mit einer Grand-Prix-Spezialisten-Schnulze aufwarten, als vielmehr mit »Generalisten-Hardrock«. Ein solch platonisch-aristotelisches Bildungsideal mag spätestens in zwanzig, dreißig Jahren aktuell werden; vielleicht auch schon früher. Der Gebildete wird dann aus der Sicht der Spezialisten einem Homo universalis wie Wilhelm von Humboldt, Leibniz oder Erasmus von Rotterdam ähnlich sein, auch wenn sein Wissen nicht mehr ganz so umfassend sein kann. – Ich weiß so vieles und möchte es weitergeben, denkt der alte Mensch, und plötzlich hat er wieder so viel *vor* sich. Als Wissens-

und Weisheitsvermittler wird er wieder gefragt sein. Nicht länger mehr könnte der Computer den *Menschen* programmieren, nicht länger ihn in sklavischer Abhängigkeit halten. Der IBM-PC würde die Marienbader Elegie auswendig lernen und sie mit der Harmonienfolge von Tschaikowskys VI. Symphonie untermalen. Es entstünde ein Gesamtkunstwerk des elektronisch-lyrischen Zeitalters, dirigiert vom Wissen der »Alten«, orchestriert vom Können der »Jungen«.

Eine solche Haltung wäre letzten Endes nur eine Antwort auf die Gegenwartssituation. Diese sieht alles als vergänglich und damit als sinnlos an, so daß der »Alte« dem Wort »heute« einen anderen Stellenwert beimessen muß als der »Junge«. So erklärt sich vielleicht auch die erstaunliche Tatsache, daß Geburtstage ab dem sechzigsten Lebensjahr im strengen 5er-Rhythmus gefeiert werden und nicht wie die Zeit zuvor im 10er-Takt. Der Kalender ist für den »runden« Geburtstag, die Zeit aber gegen das »Alter«, gegen das Leben.

Simone de Beauvoir scheidet Alter in biologisches Phänomen, gesellschaftliches Tabu, höchste Form des Lebens, Krankheit, Selbstvergiftung des Körpers und soziale Kategorie. Gerade die soziale Kategorie läßt den »Alternden« sich fragen, wieviel Welt er noch *in* sich trage, warum er von der Gesellschaft abgeschoben wird, wo er doch *an sich* nichts lieber tun würde, als sinnvoll Leben mitzugestalten. So versucht er, sich auf seine Zeit »danach« zu freuen, eine Zeit, die ihm ganz allein gehören soll. Was werde ich nicht alles machen, redet er sich ein. Und trotzdem, er sehnt sich danach, wieder jung zu sein. Mit einem Mal wird ihm bewußt, daß Anspruch und Realität auseinanderklaffen, aber er ist zu müde, diesen Graben zu überwinden. Trotz eines kräftigen Schlucks aus der Tai-Ginseng-Flasche hat er keine Kraft mehr, wieder »jung« zu sein.

Die jungen 80jährigen haben ihre Zeit »danach« nicht vergeudet, sondern leb(t)en, kämpf(t)en weiterhin für Ziele, die sowohl privaten als auch öffentlichen Charakter tragen. Fragen wie »Was habe ich noch von meinem Leben?«, »Habe ich wirklich sinnvoll gelebt?«, »Wieviel Raum, Zeit und Welt bleiben mir noch?« sind ihnen fremd. Sie halten es auch nicht mit jenen von Plato in der »Politeia« beschriebenen Bürgern, die immerzu jammern, weil »sie sich nach den Freuden der Jugend sehnen und sich der Liebe, der Mähler und all der ähnlichen Dinge erinnern; die verdrossen sind, als ob sie weiß Gott wieviel verloren hätten, als ob ihr Leben damals wunderbar gewesen, ihr heutiges aber ein Nichts wäre.« Sie leben ihr Leben in der Zeit – über die Zeit hinaus. Den Sinn finden sie allein in sich und reichen ihn spontan weiter. Sie ahnen, daß der »Sieg der Wissenschaft über die Zeit« nicht stattfinden wird. »Age-less«, Jung-Sein von innen her, gibt es für sie nur im eigenen Bewußtsein, nicht aber in den beliebten orangerot gefärbten Kapseln.

Für den »alten« Menschen aber, der auf dem Weg von A nach E unterwegs ist und sich E schon langsam nähert, ist die Zeit nicht umkehrbar. Das Stück *Sein*, das er noch vor sich hat, interessiert ihn nicht allzusehr. Er murmelt eine alte Weise aus dem Volksmund vor sich hin: »10 Jahr' ein Kind, 20 Jahr' ein Jüngling, 30 Jahr' ein Mann, 40 Jahr' ist wohlgetan, 50 Jahr' geht auch noch an, 60 Jahr' fängt's Alter an, 70 Jahr' ein Greis, 80 Jahr' schneeweiß, 90 Jahr' gebückt zum Tod, 100 Jahre – Gnad' vor Gott.« So ist es, denkt er und geht weiter auf E zu.

Geschlossene Gesellschaft
oder
Wissen, wo man hingehört

Ein Profifußballer gilt mit dreißig Jahren nicht allein als »Routinier«, sondern auch als »Oldtimer«; so will es das Bewußtsein einer Gesellschaft, der die Errichtung von Altersheimen mehr am Herzen liegt als die gerontologische Forschung. Mit »Senior« wird der Begriff des Rentners umschrieben, was die Tabuisierung und Bemäntelung von »alt« offenbar erleichtert. Nur achtsame und geübte Zuhörer werden das Wort Senior mit »senil« assoziieren.

Die Buschmänner der Kalahari wollen solchen Umgang nicht. Sie erweisen einem Menschen die höchste Ehre, indem sie ihn mit »Großvater« oder »Großmutter« ansprechen. Buschmänner kennen keine Hierarchie, meiden Könige und Führer, Parteivorsitzende und Wahlkämpfe; auch Altersheime sind ihnen fremd...

Der Ausdruck »Heim« macht mißtrauisch: Feierabend-, Senioren-, Siechen-, Altenpflegeheim. Heimat wird dort versprochen, wo eigentlich Entwurzelung alltäglich ist. Verbannt, ins Exil getrieben, einsam und vergessen findet sich der im Altenghetto wieder, der seinen Platz in der Gesellschaft *draußen* verloren hat. Hier nun, im Silo für nicht mehr Brauchbares, entzieht sich ihm die Welt vollends;

mehr noch, sie wird zu seinem Antipoden. Die Endstation Altersheim, wo die von der Gesellschaft Gebrandmarkten auf den Tod warten, wo sie vom Ruhestand zur »ewigen Ruhe« geleitet werden, wo sie mundtot gemacht in der Vorhölle zum Paradies verharren, schafft den »Jungen« ein gutes Gewissen und befriedigt damit die bürgerliche Sorge, daß die »Alten« gut untergebracht sind. Sie leben unter ihresgleichen, bilden eine »geschlossene Gesellschaft«, stören die Umgebung nicht mehr durch schwerfälliges Denken, behindern den Menschenfluß in den Fußgängerzonen nicht länger durch schleichenden Gang und ständiges Ausruhenmüssen, schaffen Platz in Wohnblöcken und U-Bahnen.

»Wir verkaufen unser' Oma ihr klein' Häuschen« – und stecken sie ins Altersheim. – Die Abschiebepraxis einer Gesellschaft, die sich die »Alten« nicht leisten will und sie wie Häftlinge kaserniert, erinnert in ihrer Endgültigkeit an Säuberungsaktionen, wie sie die grausamsten Diktatoren der Weltgeschichte durchführten. Dabei macht es keinen Unterschied, daß diese »Ausgrenzung« – wie es in der Fachsprache heißt – scheinbar freiwillig geschieht.

Mit der Anpreisung »Wissen, wo man hingehört« werben die Wohnstifte für eine neue, letzte Heimat. Jedem Bewohner verspricht die Annonce (Originalzitat) »das abgeschlossene (!) Appartement, um ungestört für sich sein zu können (will der Bewohner für sich sein?); Entlastung von den Alltagsmühen der Haushaltsführung (Betätigung untersagt!) und damit mehr Zeit für die angenehmen Dinge des Lebens (als da wären?); eine Fülle von Anregungen zu geistiger, geselliger und körperlicher Aktivität; auf Wunsch Orientierungs- und Lebenshilfen (bedeutet wohl Sterbehilfe) durch Seelsorger beider christlicher Konfessionen; im Pflegefall Betreuung im eigenen Appartement durch Schwestern und Etagendamen (!)«. Für diese Fülle von »Annehmlichkeiten« ist je nach Haus ein monatliches »Entgelt« zwischen DM 1264.– und DM 2345.– zu entrichten, das letzte, was der Insasse während seines diesseitigen Daseins noch zu *zahlen* hat.

»Auch Angst vorm Älterwerden?« wird das »rüstige« Paar auf einem Photoprospekt gefragt, der für Wohnungen und Zimmer in »Residenzen«, zu deutsch Altersheime, wirbt. Hierauf antwortet unser Seniorenpaar im O-Ton: »Eigentlich nein. Aber die Angst, daß wir eines Tages anderen zur Last fallen könnten, war doch da. Irgendwann wurde uns klar, daß wir für unser Alter vorsorgen müssen. Und: daß wir auf jeden Fall selbst entscheiden wollen, was mit uns wird, wenn wir mal nicht mehr allein zurechtkommen. Wir sind froh, daß wir uns zu dieser Entscheidung durchgerungen (!) haben. Wir wohnen jetzt in einem komfortablen, individuellen und persönlichen Wohnstift. Und wir leben nicht einmal teurer als früher.«

Von den zitierten Häusern werden laut Prospekt in der Bundesrepublik sechs solcher Residenzen und achtzehn der zuvor erwähnten Wohnstifte betrieben. Bedrängen die einen den »alten« Menschen mit »Geborgenheit, auf die es ankommt«, die anderen mit »Auch Angst vorm Älterwerden?«, so verheißen beide Sicherheit, propagieren Glück und angstfreies Leben. Was will einer mehr? Wer gerne Vorsorge trifft, sollte sich schon heute Sicherheit, Glück und Angstfreiheit erkaufen, indem er eine Wohnoption in solch einem Friedensheim erwirbt. Hoffentlich weist man ihm dann auch eine attraktive Etagendame zu, die bereit ist, auf seine menschlichen Bedürfnisse einzugehen!

Als ich zum ersten Mal ein Altersheim betrat, war ich zehn Jahre alt. Ich hatte meine Großmutter väterlicherseits zu besuchen. Warum sie ihr villenähnliches Anwesen mit Park und Teich aufgegeben hat, wußte ich damals nicht. Ich erinnere mich nur, daß wir als Kinder sehr widerwillig zu der strengen Großmutter fuhren, deren unnahbares Auftreten wir fürchteten, doch die Vorfreude auf die Abenteuer im Park ließ den Unwillen bald schwinden, und schließlich erschien die Großmutter auch nicht mehr so unzugänglich. Nun fuhr ich mit dem Lift in den sechsten Stock des Altersheims. Kein Garten, kein Park, nur der Ausblick auf die gerade im Bau befindliche Stadtautobahn. Ich betrat die Wohnung: zwei kleine Zimmer mit Kochschrank, winziges Bad, Balkon, Schallschutzfenster. Einige der schönen alten Möbelstücke, die noch an das weitläufige Haus erinnerten, standen nun zusammengedrängt in diesem neuen »Reich«. Ich erschrak. Wo war das Klavier, die vielen Bücher, die große Küche samt Speisekammer? Zum erstenmal hatte ich Mitleid mit meiner Großmutter. Sie erschien mir nicht mehr als »übergroße Mutter«, sondern als einsamer, trauriger, hilfloser Mensch. Und zum erstenmal sah ich mich selbst mit dem »Alter« konfrontiert. In der geballten Anhäufung von Greisen erblickte ich die irdische Heerschar der »Alten«: entwurzelt, ihrem Zuhause entrissen, abgeschoben, gebückt, gestützt, ächzend, im Speisesaal in lieblos zubereiteter Einheitskost herumstochernd. Das also nannte man die Würde des Alters! Was hatte die Großmutter in ihrem »Heim« getan? Mit den anderen »Insassen« auf den Tod gewartet? Welche Freude hatte sie noch am Leben? Ihre Kinder, ihre Enkelkinder? Nährte sie einzig die Hoffnung? Doch die Hoffnung worauf? –

Meine Großeltern mütterlicherseits zogen ebenfalls aus ihrem Haus in ein Altersheim. Als Großvater dort gestorben war, wäre es Großmutter am liebsten gewesen, ihm bald nachfolgen zu dürfen. Nur, »der Herrgott hat kein Einsehen gehabt« mit ihr, wie sie sich auszudrücken pflegte. Halb blind siechte sie dahin, wurde sonderlich, war mit dem Ordnen kleiner Dinge beschäftigt und ging um fünf Uhr nachmittags schlafen, nachdem sie sich eine Stunde lang auf das Zubettgehen überkorrekt vorbereitet hatte. Zuvor segnete sie die Photographien ihrer Tochter, der Enkel und Urenkel, die um ein hölzernes Kruzifix herum an der Wand hingen. Um halb fünf Uhr morgens stand sie auf, ordnete Zimmer und Bett, und nach dem bescheidenen Heim-Frühstück um acht Uhr wartete sie auf das Mittagessen. Mehrere Jahre änderte sich nichts an ihrem Tagesablauf, nur das Sehvermögen ließ ständig nach. Als sie sich eines Tages den Oberschenkelknochen brach, wurde sie in das Unfallkrankenhaus verlegt. Selten hatte man sie in den letzten Jahren so vergnügt gesehen. Sie lebte auf, wurde zum Mittelpunkt der Station, die jungen Schwestern und Ärzte integrierten sie vollends; die Schranken zwischen Patient und Pflegepersonal, zwischen jung und alt waren aufgehoben. Erstaunlich rasch erholte sie sich von der Operation. Als sie wieder auf die gefühlsarme Krankenstation ihres Altersheims zurückgebracht wurde, verließen sie die Kräfte, und sie starb innerhalb von zehn Tagen.

Kann der Bewohner eines »Seniorenheims« oder »Wohnstifts« in seinem Appartement nicht mehr versorgt werden, wird er zum »Pflegefall« herabgestuft und in ein »Siechen«- oder ein »Altenpflegeheim« *verlegt.* In seinem Artikel »Am Ende ohne Würde« schildert Reiner Luyken in der

ZEIT die Situation der Insassen des County Hospitals in Invergordon, Schottland:

»Ein Barackenlazarett aus dem letzten Weltkrieg. Jede Station ist ein offener Saal mit zwei langen Bettreihen, jedes Bett ein schäbiges Zuhause für seine Dauerpatienten. Station 1, Frauen. Halbtote Gerippe mit eingefallenen Gesichtern; vom Alterswahnsinn entstellte Gestalten; eine Alte, die seit wer weiß wie langer Zeit schon aus dem Stuhl aufzustehen versucht, in den die Pflegerinnen sie mit einem davor festgebundenen Tisch eingeklemmt haben... und dazwischen altgewordene Menschen, für die ihre Familie zu Hause keinen Platz mehr hat, zu lebenslanger Haft verurteilt. Tagsüber sitzen die Gesunden im *day room*, in dem eine große Tafel an der Wand verkündet: *Heute ist Dienstag. Das Wetter ist schön. Die nächste Mahlzeit ist das Abendessen.* Im Fernsehen tanzen blöde Barbies und Muppets und Postman Pats. Das Nachmittagsprogramm für Kinder. Die armen Alten dösen auf ihren an den Wänden aufgereihten Stühlen und warten auf das Abendbrot. Danach werden sie wieder in die Betten verfrachtet, um eine schlaflose Nacht lang auf den nächsten Morgen zu warten. Station 2, Männer. Hier gibt es nicht einmal ein Tageszimmer. Die Alten sitzen trübe neben ihren Betten, rauchen, warten. Jeder für sich. Ein Bett, ein Stuhl, ein schäbiger Koffer, der die letzten paar Habseligkeiten enthält. Die Mahlzeiten kündigen sich durch den immer gleichen, appetittötenden Gestank von verkochtem Kohl und bitterem Tee an. Das ist die alltägliche Entrechtung von Menschen in einem Land, in dem die Freiheit des Individuums und die Verteidigung der Menschenrechte angeblich die höchsten Werte darstellen. In einer halben Stunde formlosen Plauderns verurteilen ein Doktor und ihre

Familie sie zu lebenslanger Haft in den Siechenhäusern des staatlichen Gesundheitsdienstes.«

Daß nicht überall derart menschenunwürdige Zustände herrschen, bleibt zu hoffen, jedoch stimmt es nachdenklich, wenn in einem Stellenangebot ein Pflegeheimleiter gesucht wird, bei dem »Personalführung, Organisationsgeschick und kaufmännische Denkweise als selbstverständlich vorausgesetzt« werden, nicht aber Güte, Wärme, Fürsorge, Verständnis.

Weil die Gesellschaft nicht einsieht, daß sie sich mit der Ausgrenzung des »Alters« letztlich selbst richtet, müssen auch die Opfer, auf daß sie nicht Täter werden, als Betroffene eigenständig zu einer Situationsentschärfung beitragen. In erster Linie sollten sie ihr passives Imponiergehabe abbauen, welches vordergründig durch einen Wettbewerb im Austragen von Leiden und Krankheiten gekennzeichnet ist: »Stellen Sie sich vor, was ich hab'...«. »Ach, das hab' ich schon seit...! Aber dafür hab' ich...« – Ebenso belasten penetrante Besserwisserei und unflexibles Rechthaben das Verhältnis sowohl zu den Gleichaltrigen als auch vor allem zur jüngeren Generation, indem diese negativen Eigenschaften sich verselbständigen, ihren Träger seines natürlichen Formats entblößen und ihn zum wimmernden, profillosen Ich herabwürdigen.

Das Altersheim gehört wie der Supermarkt oder anonyme Ferienwohnanlagen aus Beton in die Reihe moderner »Gefängniseinrichtungen« (ein 81jähriger nennt es gar »KZ für die ältere Generation«), in denen die Machtausübung über das Individuum immer verfeinertere Formen angenommen hat. Unter Mißachtung aller Menschenrechte werden die »Alten« in »Heime« abgeschoben, wo ihr Wille gebrochen oder gänzlich ausgeschaltet werden soll.

Doch auch außerhalb ihrer Ghettos finden sich die Alten, wenngleich nicht kaserniert, als geschlossene Gesellschaft wieder. Im Brandungsbad in Oberstdorf im Allgäu wird beispielsweise einmal wöchentlich »Seniorenschwimmen ohne Wellen« angeboten. Reiseveranstalter können demnächst vielleicht ihre Umsätze steigern, indem sie »Seniorenurlaub in garantiert flut-freien Gewässern« anbieten. Bundesbahn und diverse städtische Verkehrsbetriebe versuchen durch Einführung eines Seniorenpasses das Reisen und die Mobilität im »Alter« attraktiver zu gestalten. Besitzt ein »Senior« diese »Identitätskarte«, weiß er, wo er hingehört. Er hat in der Legion der »Alten« seinen Platz gefunden.

»Erstmals wurde jetzt in einem städtischen Altenheim in Nürnberg«, berichtete die Presse, »ein spätes Glück mit einer Hochzeit besiegelt. Der 82jährige ehemalige Friseurmeister Johann Schimmel und seine bereits 92 Jahre alte Lebensgefährtin Hanne gaben sich das Ja-Wort für ein künftiges Leben zu zweit. Über der Tür ihres Zimmers prangte ein handgemaltes Schild mit dem Wunsch für ›schöne Flitterwochen‹. Doch stimmte diese Eheschließung auch manchen Gratulanten nachdenklich, denn ohne Trauschein hätte das Paar nicht ein gemeinsames Zimmer im Heim beziehen können.«

Selbst im »Alter« hat man demnach bei einer »wilden Ehe« oder »eheähnlichen Gemeinschaft« mit Unannehmlichkeiten und Nachteilen zu rechnen. Ein Staat, der die Ghettoisierung und die Isolation von »Alten« freudig unterstützt, verhindert also jede spontane Willensäußerung zu privatem Glück. Laut Grundgesetz der Bundesrepublik Deutschland, Artikel 6, Absatz I, stehen eben nur »Ehe und Familie unter dem besonderen Schutze der staatlichen Ordnung«. Grundsätze, Leitlinien und Vorschriften – hier die des »Heimordnungsgesetzes« – sind gefälligst zu beachten, will einer unter dem Schutzmantel staatlichen, kirchlichen und gesellschaftlichen Reglements weiterhin ein geordnetes Liebesleben führen dürfen.

Wer seine »erfüllten Jahre« in einem Altersheim verbringt, blickt stündlich zur Türe und hofft, daß jemand kommt – nicht nur die eigenen Kinder, Enkelkinder, Zivildienstleistende oder die Etagendame. Er wartet meist umsonst. Es hat der Ausgestoßene sich damit abzufinden, daß seine »psychosozialen Kontakte« außer mit anderen »Aussätzigen« auf den genannten Personenkreis beschränkt bleiben müssen. Wenn der Altenbetreuer beim Abschied »Ich komme wieder« verspricht, klammert sich der Isolierte an diese Hoffnung wie ein Ertrinkender an den ihm zugeworfenen Rettungsring.

Modellversuche und private Initiativen versuchen immer wieder, das Drama der »Alten-Isolation« zu lindern. So schuf das von Wilhelmine Lübke gegründete »Kuratorium Deutsche Altenhilfe« das »Heim für den Tag«, ein Tagesaltersheim, und keinen Kindergarten für alte Menschen, wie nachdrücklich betont wird. Da 92 Prozent der alten Personen einer Umfrage in München zufolge in ihrer *eigenen* Wohnung bleiben wollen, ist den Betroffenen ein »Heim für den Tag« als Stätte der Begegnung willkommen, unter der Voraussetzung, daß dort nicht nur eine geschlossene Gesellschaft anzutreffen ist. Eine »gemischte Gesellschaft« könnte vieles anders aussehen lassen. Um dies zu erreichen, muß aber zuerst die Mauer zwischen »jung« und »alt« eingerissen werden. Die Schranke wird jedoch solange zwischen beiden Gruppen trennen, wie eine Gesellschaft ihre »Alten« als unnütze Personen betrachtet.

Was macht der Mensch im Altersheim? Sich seiner letzten Zeitspanne erfreuen? Wohl kaum. Er weiß: er ist unbequem, man braucht ihn nicht, keiner will ihn. Es geht auch ohne ihn, denkt er mittlerweile selbst. Die Freunde sind schon gestorben, für die Kinder wird – das spürt er genau – ein Besuch zur Pflicht. Was also soll er tun? Der Brauch der Eskimos, ihre Alten beim Sterben im Iglu zurückzulassen, erscheint ihm humaner als der *danse macabre* in einer Welt, die ihm das Sterben verschönern will, indem sie ihm innere Nähe vorgaukelt, die sich in Wahrheit als äußere Distanz entpuppt.

Einen alten Baum verpflanzt man nicht, alte Menschen schon! »Wir können Opa doch nicht aus seiner gewohnten Umgebung reißen«, hieß es anfangs besorgt, doch »Sachzwänge« und »Vernunftgründe« führten dazu, daß er sich im »Seniorenheim« wiederfand, »weil es halt doch praktischer *für alle* war.« Der alte Mensch verfällt in einen Tagtraum: Er sieht, wie sich der Auszug aus dem Altersheim lautlos, Schritt für Schritt vollzieht, da sowohl die »Jungen« wie auch die »Alten« eingesehen haben, daß sie durch die Errichtung dieser Institution einer nur noch inhumaneren Welt Vorschub geleistet hatten. Im Radio hört er, daß ein Gesetz gegen Verwahranstalten erlassen worden sei und daß das nunmehr leerstehende Auffanglager »Methusalem« in die Luft gesprengt werden solle. Er erzählt seinem Zimmernachbarn von dieser Vision. »Und wohin dann mit all' den Alten?« ruft jener entsetzt. »Diese Frage kann«, antwortet er gelassen, »wenn es erst einmal soweit ist, nicht mehr gestellt werden.«

Revolte statt Resignation
oder
Die Rache der Geächteten

Die »neuen Alten« kommen! Sie kommen »langsam, aber gewaltig«. Nicht nur in Printmedien, in Radio und Fernsehen wird das Thema »Alter und Selbstbefreiung« mit einem sich allmählich ändernden Bewußtsein aufgegriffen und hinterfragt. Eine ausgeprägte Jugendkultur, die zu Beginn des 20. Jahrhunderts angetreten war, die Welt zu erobern, steht vor der Ablösung. »Grandparents« und »Grandparents Today« heißen zwei amerikanische Fachzeitschriften, die sich ausschließlich dem Thema »Alter« widmen. Selbsthilfeorganisationen – »Gray Power«, »Gray Panthers« und in der Bundesrepublik die »Grauen Panther« – werden gegründet. Eine Neuorientierung der Gesellschaft in bezug auf das »Alter« steht bevor. Anstelle der »Kaffeefahrten in das schöne Altmühltal«, bei denen der Besuch einer Verkaufsschau für Rheumadecken auf dem Programm stand und die Teilnehmer mit einer Vase Iris (22 cm), 150 g Landleberwurst, 0,2 l Bärwurz sowie 200 g Keksmischung »Rosenkavalier« versorgt und beglückt wurden, tritt die neue Aktivität der »Young-Senior-Generation«, die Punkern und Poppern, Softies und Safties, Sponties und Subsos, Yuppies und Junkies das Gruseln lehrt. Menschen im siebten, achten und neunten Lebensjahrzehnt belegen Seminare an Universitäten, bestehen Pilotenprüfung und besteigen die höchsten Berge. Sie nehmen an der Rallye Paris–Dakar teil, starten zum Marathon durch die Wüste Gobi, lernen Rock and Roll, besuchen Taek-wan-do- und T'ai-Chi-Kurse.

»Gott hat uns viele Talente gegeben«, verrät ein Amerikaner, »und er gab sie uns, um sie zu nützen.« Dieser Mann nützte seine Talente nicht nur, er vermehrte sie auch. Im »fortgeschrittenen Alter« errichtete er innerhalb kürzester Zeit ein Wirtschaftsimperium mit einem Jahresumsatz von 420 Millionen Dollar. Derlei gibt es nicht nur im Land der unbegrenzten Möglichkeiten. Überall, wo sich die Alten bislang an den Rand der Gesellschaft gedrängt sahen und ihr Leben nach dem Ausscheiden aus dem Beruf keinen Sinn mehr zu haben schien, erobern sie sich die Welt zurück.

Der 1906 geborene Bankier Heinz Ansmann zum Beispiel gründete eine AIDS-Stiftung mit einem Kapital von einer Million Mark. Das integrative Moment der Initiative eines »alten« Menschen sollte als beispielhaft gelten, da von seiner Einrichtung ausschließlich »junge« Menschen profitieren. In Dortmund entsteht eine Alten-Akademie, in Berlin die Organisation »Offensives Altern«.

Dies sind nur einige Beispiele für ein neues Selbstwertgefühl der »alten« Generation, das sich in den Ländern entwickelt, in denen es bislang unterdrückt war. Dies muß automatisch auch dort geschehen, wo eine Gesellschaft »überaltert«, d. h. wo es mehr »Alte« als »Junge« gibt. Dies wird in Kürze in der Bundesrepublik der Fall sein. Die bislang übersehene und abgeschobene Generation putscht.

»Die jungen Alten: die neue Klasse in Westdeutschland« und »Das zweite Leben der Alleingelassenen«: Mit diesen großangelegten Reportagen griff auch der SPIEGEL die Veränderung auf, die augenblicklich in der Gesellschaft stattfindet. Gleichzeitig erschien im TIME MAGAZINE eine Titelstory unter dem Motto »Grays on The Go«. Fernsehdokumentationen wie Eckhard Garcyks »Allzeit jung – Die (un)heimliche Angst vor dem Alter« oder Birgit Kienzles »Wenn das Planen aufhört«, Literaturverfilmungen wie Bertold Brechts »Die unwürdige Greisin«, Otto Jägerbergs »Seniorenschweiz« und Judy Allens »Späte Blüte« nehmen sich des brisanten Stoffes an und verurteilen jeder auf seine Weise den entwürdigenden Umgang mit dem »Alter«.

Die Auswirkungen dieser Selbstbefreiung sind spektakulär: Denn die »Alten« aller Länder vereinigen sich, sie trauen keinem unter sechzig und fordern »Teenie go home!« Getreu dem Motto »Nur wer sich wehrt, lebt nicht verkehrt«, propagieren sie Widerstand statt Anpassung, Revolte statt Resignation, Un-Ruhestand statt Vor-Ruhestand. Sie leben in freier Wohngemeinschaft während »Yuppies« und »Singles« ihre Einsamkeit in luxuriös sanierten Altbauwohnungen pflegen. »Senioren kämpfen für Senioren« lautet der Wahlspruch der Grauen Panther.

Waren die »Alten« bislang die Ausgestoßenen der Gesellschaft, die ihr Schicksal widerstandslos hinnehmen mußten, so beginnen sie heute, den Aufstand zu proben. Sie besetzen Mallorca, marschieren in Florida ein, bereiten eine Invasion der Alpen vor. Sie rufen zum zivilen Ungehorsam auf, entwickeln widerborstig Eigen-Sinn, verweigern sich der Erfolgsgesellschaft und sind dennoch hyperdynamisch und effizient. Mit dem Individualismus von Aussteigern ordnen sie ihr Leben neu. Sie verändern ihre

Situation und ihr Image mit dem Fanatismus von Weltverbesserern. Sie haben erkannt, daß die »berühmte« Würde des Alters auf einem grundlegenden Irrtum beruht, denn diese Würde wurde von einer würdelosen Gesellschaft verordnet.

Die neue Freiheit, die neue Selbstbestimmung und Selbstverwaltung der »Alten« sprengt die Grenzen des bislang Dagewesenen und der tradierten Normen. Die neue »alte Generation« ist informiert, wird wieder gebraucht, indem sie sich selbst braucht, kennt keine Zwänge, keine Rücksichten: Sie *lebt.* »Alter bedeutet ihr nicht länger Krankheit, Senilität und Geschlechtslosigkeit«, wie TIME-MAGAZINE verkündet, es verheißt vielmehr Aktivität, Lernen, Selbsthilfe. Vorbei sind die Zeiten, in denen Alte »am Stock gehen«, »schlürfen und sabbern«, »plötzlich umkippen«. Als Vertreter einer neuen Generation treten sie wie aufmüpfige Revoluzzer ins Scheinwerferlicht ihrer Zeit.

Trotz aller Aufbruchsstimmung bleiben die »Alten« bei ihren Unternehmungen allein. Sie werden nur selten von »jungen« Menschen bejaht und unterstützt, weil diesen von der Gesellschaft z. B. durch »Jugend forscht« oder »Jugend trainiert für Olympia« gewinnbringendere Erfolgschancen in Aussicht gestellt werden. Da sich die »Alten« gegen eine solche Gesellschaft wehren *müssen*, ihr aber gleichzeitig selbst angehören, entsteht die paradoxe Situation, daß nach wie vor eine tiefe Kluft das Gesamtgefüge in ein Zwei-Klassen-System spaltet. Nicht mehr die Pole von »arm« und »reich« charakterisieren die Gesellschaft, sondern der Gegensatz von »alt« und »jung«. »Wir leben«, schreibt der Gerontologe Leopold Rosenmayr, »in einer kulturellen Zwischenphase, in der auf Pluralismus und

Wertunsicherheit, auf Glaubens- und Überzeugungsverluste menschheitlich vorerst eine Art Rückzug auf sich selbst erfolgt und erst in einem vorsichtigen Tasten herausgefunden werden muß, wie unsere Liebe, unsere Bindungen, Ehen, unsere Freundschaften sorgfältiger, tragfähiger, und unsere Verpflichtungen menschlicher und freier wahrgenommen werden können und sollen.«

Das erste Mal in der Geschichte der Menschheit lehnen sich weltweit »Alte« gegen eine bestehende Gesellschaftsordnung auf. Früher hatten sie dies angeblich nicht nötig. Man lebte unter einem Dach, und die Familienhierarchie war unantastbar. Gesellschaftliche Anerkennung schien keine Frage des Alters zu sein. Doch die Realität stellte sich anders dar. Peter Borscheid belegt in seiner »Geschichte des Alters« für das 16. – 18. Jahrhundert das genaue Gegenteil. Erst heute leben »alte« Menschen einigermaßen angenehm, zumindest was den äußeren Wohlstand und ihren geistigen Freiraum betrifft.

Die »gute, alte Zeit« war so gut nicht. Zwar lebte man im Familienverband, doch die vorherrschende räumliche Not und geistige Enge schaffte andere Probleme. Wenn Kinder nur mit den Eltern und Eltern und Kinder wiederum nur mit den Großeltern leben *müssen*, entstehen zwangsläufig erhebliche Differenzen zwischen den Generationen, so ideal die Vorstellung von der Großfamilie auch sein mag. Die »großen Eltern«, die am wärmenden Herdfeuer die Schar ihrer Enkel um sich versammeln, um ihnen von den Freuden und Leiden ihrer vergangenen Tage zu berichten, sind nichts als Schwärmerei für das »natürliche« Leben. Der Fall liegt anders: Säuglingssterblichkeit, Kindbettfieber, allgemeine Lebenserwartung von 35 Jahren, Pest,

Typhus und Cholera ließen den weniger Begüterten bis zur Mitte des 19. Jahrhunderts die Frage nach dem Sinn des Lebens eher abwegig und absurd erscheinen.

Auch die einschlägigen Märchen geben bei genauerer Betrachtung ein Bild ihrer Entstehungszeit. Um den Menschen von Angst und Elend zu erlösen, treten in ihnen weltliche und überweltliche Mächte auf. Eine mittellose Person wird durch Heirat mit einem Prinzen oder einer Prinzessin vor Knechtschaft und Not in künftigen Zeiten bewahrt und einem jugendlichen, aber armen Helden eine »Altersvorsorge« durch unermeßliche Reichtümer beschert. – Von der heutigen Märchenmacht, dem Sponsor, erhält z. B. ein Tennisspieler für einen heldenhaften Turniersieg eine Villa in Kalifornien und eine Luxuslimousine. Mit seinen Prämien hat er schnell »ausgesorgt«.

Diese modernen Märchen entspringen *nicht* der Phantasie. Sie sind in der realen menschlichen Sehnsucht nach materieller Sicherheit begründet. Der Zusammenhang von Geld und »Alter« ist erschreckend eminent, im Märchen wie in der Wirklichkeit. Daher sind Märchen ein gewissenhafter Garant sowohl für die tatsächlichen Verhältnisse früherer Epochen wie für das geistige Erbgut der Menschheit, der unendlichen Sehnsucht nach Glück, Liebe, Jugend und Schönheit.

Auch die Malerei läßt solche Rückschlüsse und Einblicke zu. Mittelalterliche Bilder, auf denen Freß- und Saufszenen, Orgien kühnster Art, bukolische Liebesspiele usf. dargestellt sind, künden letztlich nur von entbehrten Lebensmöglichkeiten. Bei moderner Kunst, von der Italo Svevo berichtet, daß er in dem Moment, da er sie verstanden hatte, wieder »jung« geworden sei, verhält es sich nicht anders: Der Bruch mit der Tradition in der abstrakten

Kunst spiegelt den Verlust des harmonischen Weltbildes wider.

Die Gewichtungen haben sich heute in materieller Hinsicht verschoben, doch das allgemeine Menschenbild ist weiterhin vom Elend des »Alten« geprägt. Aber plötzlich beginnt sich das »Alter« zu rächen, verschwört sich, wird zum Partisanen, Stadtguerilla und Aufrührer. Eine schleichende Revolution, die kaum einer bemerkt, unterwandert unaufhaltsam unsere Gesellschaft, die lässig-selbstbewußt die Achseln zuckt, ihrerseits auf das Recht zu leben pocht und mit dem Bakkalaureus sagt: »Am besten wär's, euch zeitig totzuschlagen.«

Aus diesem Grunde kann eine Gesellschaft nur aus dem Miteinander der Generationen die Energie einholen, die sie für ein menschenwürdiges Gedeihen benötigt. Es kann und darf nicht zur völligen Sprachlosigkeit zwischen den Generationen kommen. Die jungen 80jährigen sind daher keine »lebenden Leichname«, keine scheintoten Pensionäre, sondern tatendurstige Revolutionäre, die erkannt haben, daß der Generationen*dialog* das beste aller Mittel zur Beseitigung der Herrschaft jener Vernunft ist, die in zynischer Selbstmißachtung behauptet: »Der Mensch verbraucht sich und *wird* alt, basta.«

Von der Schuld der Gesellschaft
oder
Wenn wir die »Alten« sind

Nicht einer *Leistungsgesellschaft* gehören wir an, wir sind vielmehr einer *Erfolgsgesellschaft* unterworfen und bilden sie gleichzeitig. Leistung muß jede Gesellschaft erbringen, will sie sich dauerhaft entwickeln können. Das gilt für Sierra Leone genauso wie für Albanien, für San Marino wie für Burundi. Eine Gesellschaft jedoch, in der Leistung und Erfolg kongruent sind und in der die Aussicht auf Erfolg zu einer Leistungssteigerung führt, lebt allein von Gewinnoptimierung und Ertragsmaximierung. Man wünscht sich nicht mehr ein »gutes« Neues Jahr, sondern ein »erfolgreiches«. Schneller, höher, weiter soll das *ganze Leben* verlaufen; »jung« und vor allem dynamisch, kreativ und von eisernem Durchsetzungsvermögen muß derjenige sein, der in einer *Welt voller Chancen* als homo novus emporkommen will. Eine solche Gesellschaft kann sich »Alter« nicht leisten.

Obwohl der Anteil der »Alten« an der Gesamtbevölkerung in »erschreckendem« Maße ständig zunimmt und sich die Bevölkerungspyramide infolge der Ausschaltung zahlreicher, ehemals tödlicher Krankheiten und der Geburtenplanung zu einer Glocke umgestaltet hat, frönt die Erfolgsgesellschaft weiterhin einem Jugend- und Schönheitskult, der »Alter« und Tod als Schande und Makel anprangert. In der Agrargesellschaft ergab sich die Fürsorge im Familienverband von selbst. Pensionierungsschock, Frühinvalidität und soziale Vereinsamung dagegen sind Errungenschaften einer Industriegesellschaft, in der der Mensch nur solange seinen Zweck erfüllt, wie durch seine Leistung Gewinn erwirtschaftet werden kann. Damit ist der Eintritt ins »Alter« zum erstenmal in der Geschichte der Menschheit nicht mehr rein biologisch, sondern in erster Linie sozial definiert.

Das moderne Leben wird heute in vier Phasen eingeteilt, von denen die letzten beiden, Rentenzeit und Greisenalter, den funktionslosen Abschnitten zugeordnet werden. Die »Alten« bilden eine Randgruppe der Gesellschaft, da sie in dem sich ständig beschleunigenden Prozeß des wirtschaftlichen Imperialismus nicht mehr »mithalten« können. Es geht nicht um Werte wie Gerechtigkeit, Gleichberechtigung oder Brüderlichkeit, sondern um Marktanteile und Marktvorteile, mit einem Wort: um Macht. Die Herrschaft von »Mutter Erde« während des Matriarchats und das Regiment von »Vater Geist« während des Patriarchats sind endgültig vorüber.

Als androgyne Wesen schleichen wir durch die Straßen der Großstädte. Wir kaufen geschlechtsneutrale Mode, die nur noch vier Größen kennt: »small« oder »medium«, »large« und »x-large«. Wie völkerverbindend ist diese Klassifizierung. Und wie umständlich waren dagegen die Größen 36–52!

Der »alte«Mensch muß sich, um zu wissen, was mit schnellebigen Modeworten und Fachausdrücken gemeint ist, an die »Jugend« wenden. Früher verhielt es sich umgekehrt. Doch der »alte« Mensch unserer Tage »kommt nicht mehr mit« – schon wegen der »oberaffengeilen« Sprachverfremdung. Vor allem aber verfremdet die technische Entwicklung, die überstürzt vorwärtsschreitet, den Wortschatz selbst für die »Jugend« bis zum völligen Unverständnis.

Das Mitglied einer solchen Gesellschaft muß nicht mehr nur gegen das »Alter« ankämpfen, sein Hauptwidersacher ist vielmehr die soziale Umwelt, in der sein gesamtes Leben auf die nutzbringenden Jahre von achtzehn bis fünfundfünfzig reduziert ist. »Alter« hält sich lediglich dort, wo es Macht besitzt: in der Politik, in Aufsichtsräten und Führungsgremien. Churchill gab mit einundachtzig Jahren sein Amt auf, Deng Xiaoping mit dreiundachtzig. Adenauer mit siebenundachtzig. Wo das »Alter« dagegen der Macht entbehrt, wird nach dem fünfundsiebzigsten Lebensjahr selbst die Unfallversicherung nicht mehr fortgeführt. Für den ausrangierten »alten« Menschen findet sich keine Verwendung mehr. Diskriminiert und jeder Eigenverantwortung enthoben, wird er zum ausgedienten Mitläufer der Gesellschaft.

Die Frage, wer denn die »Alten«, die ja immer teurer würden, überhaupt brauche, bedeutet genaugenommen auch: Wer braucht eines Tages die, welche heute diese Frage stellen? Wer braucht uns? Oder: Werden wir von einem bestimmten »Alter« an überhaupt noch gebraucht? Da diese Fragen lediglich von »jungen« bzw. erwachsenen Menschen gestellt werden können, die offensichtlich verdrängen, daß auch sie einmal der »Armee der Alten« angehören werden, tritt hier ein merkwürdiges Paradoxon zutage: Wir arbeiten an unserer *eigenen* Ausgrenzung, an der *eigenen* Zurücksetzung.

Lebhaft wird die Integration von Behinderten, Ausländern, AIDS-Kranken, Drogenabhängigen, Geistesgestörten und entlassenen Strafgefangenen gefordert. Rollstuhlfahrer erhalten »rollstuhlfahrergerechte« Toiletten, Telephonzellen, Straßenübergänge, Zugeinstiegsmöglichkeiten. Ehemalige Sträflinge werden resozialisiert, in die Gesellschaft »wiedereingegliedert«. Mit den »Alten« geschieht all dies nicht. Sie bleiben isoliert, abgeschoben. Diese Ghettoisierung vollzieht sich innerhalb *und* außerhalb des Altersheimes und wird in öffentlichen Diskussionen und Bundestagsdebatten gerade von denen veranlaßt, die, wenn sie nicht ein vorzeitiger Herzinfarkt hinwegrafft, selbst als »Alte« an der Peripherie des gesellschaftlichen Lebens stehen werden.

Integration der »Alten« meint Integration unser selbst. Ein Staat jedoch, der die Kleinfamilie (1,8 Kinder) als »Keimzelle der Gesellschaft« steuerlich, sozial und politisch fördert, die Mehr-Generationen-Familie dagegen eliminieren möchte, da diese eine Konkurrenz zum eigenen Machtstreben bilden würde, ein Staat, der sich fragt, wer im Jahr 2030 für die Renten aufkommen wird, muß sich verzweifelt um eine andere Rentenformel als die von 1957 bemühen, die besagt, daß die arbeitende Generation prozentual vom Lohn Beiträge zahlt und die Rentner am Zuwachs beteiligt sind. Denn schon heute stehen in der Bundesrepublik 100 Erwerbstätige 140 »alten« Menschen gegenüber, und dieses Verhältnis wird im Jahr 2030 60 : 140 betragen. Die eigentlich simple Berechnungsgrundlage für unsere Renten versagt genau dann, wenn es zu viele »Alte« gibt, die von den »Jungen« unterstützt werden müssen. Durch den »Pillenknick« entstand ein Milliardendefizit in der Rentenversicherung, das heute durch »Strukturreformen« beseitigt werden soll.

Notwendig wäre aber eine radikale Umgestaltung der Gesellschaft. Wir brauchen ein humaneres System. Persönlichkeiten, die sich nicht von allgegenwärtigen Wirtschaftssyndikaten versklaven lassen. Bezeichnenderweise offenbaren Fernsehserien wie »Dallas«, »Dynasty« oder »Falcon Crest« das neu erwachte Bedürfnis nach der Drei-bis-vier-Generationen-Familie matriarchalischen Musters.

Soziale Veränderungen im bestehenden Familiengefüge setzen aber so tiefgreifende Umstrukturierungen allein schon der Wohnverhältnisse voraus, daß die Vorstellung einer solchen Gesellschaft utopisch bleiben muß. Einfachere Forderungen, die zu *erfüllen* wären, sind die Eliminierung bzw. variable Gestaltung der starren Alters- und Pensionierungsgrenze, eine Aufteilung der Arbeitswelt, die »jung« und »alt« ermöglicht, ihren Kräften entsprechend am Produktionsprozeß teilzunehmen. Wünschenswert wäre auch die Aufhebung oder Lockerung des »Ruhestandes«, denn Rentner und Pensionäre könnten als Ausbilder und Lehrer der »Jungen« wirken, vorausgesetzt sie sind weiterhin über die Entwicklungen in ihrem Fachbereich informiert. Die unverzichtbare Bedingung für diese Veränderungen wäre allerdings ein Miteinander der Generationen. Das Zusammenleben von »jung« und »alt« darf nicht auf einem *»Generationsvertrag«* aufbauen, sondern muß als naturgemäße Selbstverständlichkeit empfunden werden.

Dieser Gedanke ist nicht neu; schon 1764 heißt es in der Wochenschrift »Der Greis«: »Es wäre in der That gut, wenn man bey Geschäften so wohl alte als junge Leute brauchte; denn in Absicht auf das Gegenwärtige würde es den Vortheil verschaffen, daß die guten Eigenschaften von beyden wechselweise ihre Fehler verbesserten. Die Jugend ist hitzig, unbedachtsam, unüberlegt; das sind die Fehler des ersten Alters, wir Alten sind kalt, zu bedachtsam, zu behutsam, dadurch ersetzen wir die Mängel der kühnen, unüberlegten Jünglinge, und das hohe Alter mit seinen Fehlern erhält die Jugend mit ihren Fehlern zum Besten der Gesellschaft im Gleichgewicht.«

Ein Beispiel für eine gelungene Auswertung dieser Maxime bieten die Amerikaner Charles Pedersen (83), Donald Cram (68) und der Franzose Jean-Marie Lehn (48), die 1987 den Chemie-Nobelpreis für ihre *gemeinsame* Pionierarbeit auf dem Gebiet der supramolekularen Chemie erhielten. Im selben Jahr ging der Nobelpreis für Physik an den 37jährigen deutschen Forscher Georg Bednorz und seinen 60jährigen Schweizer Kollegen Alex Müller.

Ein wechselseitiger Austausch körperlicher und geistiger Fähigkeiten zwischen den Generationen wird nicht immer gleich zu Aufsehen erregenden Leistungen führen, jedoch zu einem besseren Verständnis der jeweils anderen Seite, die eigentlich so anders gar nicht ist.

»Achte und ehre die Alten, sei freundlich zu den Kindern«, rät ein uralter Leitsatz asiatischer Völker. Im gedankenschweren Abendland dagegen verwesen die Menschen in der todesschwülen Atmosphäre der Altersheime. Ein Hund hat das Recht, wenigstens einmal am Tag ausgeführt zu werden, alte Menschen bleiben oft tagelang auf ihrem Zimmer eingesperrt. Wie Babys werden sie behandelt, nur mit dem Unterschied, daß die Kleinkinder *verwöhnt* werden, denn sie verheißen Zukunft.

»Das Alter ist die Hölle der Frauen«, sagt La Rochefoucauld. In der alltäglichen Höllenpraxis aber wird gesellschaftliche Anerkennung alten Frauen wie alten Männern in gleicher Weise verweigert. Eine Gesellschaft, welche die

»Happy Oldies« geradezu verhindert und sich anmaßt, selbst Manager nicht älter als vierzig Jahre werden zu lassen, ist schwerkrank, wenn nicht todkrank. Für sie erfüllen die »Alten« nur dann einen Sinn, wenn sie als Konsumenten die Wirtschaft unterstützen oder als Stimmvieh zum Wahlsieg verhelfen können. Zu dem Stichwort »Alte/ Arme« fiel einem »Medienreferenten« im Wahlkampf folgendes ein: »Frau des MP (Ministerpräsidenten) eröffnet und leitet einen Alten-Hilfsfonds, der sich aktiv auf besonders arge Einzelschicksale konzentriert. MP lädt in den größten Städten des Landes zu Alten-Nachmittagen ein. Variante: Ausflugsfahrten – vom MP finanziert –, bei denen er kurz als Gastgeber auftritt.«

Humanität, Weihnachtsgefühl das ganze Jahr über. Der barmherzige Samariter.

Jeder fünfte Bundesbürger ist mittlerweile sechzig Jahre alt, d.h., es gibt etwa 16 Millionen Sechzigjährige allein in der Bundesrepublik. Im Jahr 2030 wird jeder dritte »alt« sein, doch nützen solche statistischen Überlegungen wenig, da jeder denkt, daß gerade *er* nicht dieser dritte sein wird. Unsere Epoche begann als Jahrhundert des Kindes und endet als Jahrhundert der Alten. Dennoch strahlt die Gesellschaft satte Selbstzufriedenheit aus, das Problem des Alterns geht sie nichts an. Bei Olympischen Sommer- und Winterspielen steht nicht das vielgerühmte »Dabeisein« im Vordergrund, sondern der sportliche *Erfolg*, der allein durch Jugend, Kraft, Vitalität, Stärke und Ausdauer demonstriert wird und im Medaillenspiegel festlegt, welche *Nation* die beste Kampfmoral besitzt. Für Behinderte wurden Olympische Spiele eingerichtet, »Alte« werden ihnen als Aktive für immer fern bleiben.

Völlig gelassen steht auch die »Bundeszentrale für politische Bildung« den Problemen des »Alters« gegenüber, wenn sie sich »wohlmeinend« äußert: »Um 1990 wird der ältere Mensch der gefragtere sein: als Konsument, als Fachmann, als Mitarbeiter, als Wähler. Die Jungen von vorgestern kommen dann doch noch groß heraus.« *Konsumenten* und *Wähler* gehören in die Sparte zynischer Menschenmaterialverwertung einer Gesellschaft, die mit dem »Schauspiel des eigenen Niedergangs nicht behelligt werden will«, wie Jean Améry schreibt. Dieses darf deshalb nicht öffentlich geschehen, sondern wird hinter die verschlossenen Türen der Altersheime verlegt.

Es gibt Ansätze zu einer vernünftigen, von der Gesellschaft unterstützten Neuorientierung. Der Bonner Senioren-Experten-Service (SES) etwa schickt seit 1982 pensionierte Fachleute zu Projekten in die Dritte Welt. Sie erhalten als Berater Tagegeld, freie Unterkunft und Essen. Eine sinnvolle Einrichtung für Mensch und Wirtschaft, solange sie nicht wieder auf Gewinnstreben zielt. Wenn aber nicht *mehr* Initiativen dieser Art in die Realität umgesetzt werden, macht sich die Gesellschaft, machen wir uns den »Alten« gegenüber weiterhin schuldig. Unser Verständnis für die »betagten« Mitmenschen und unser Umgang mit ihnen muß sich von Grund auf ändern, damit das Denken in gesellschaftlichen Gegensätzen mit der Wurzel vernichtet wird.

Nach Cicero sind die besten Waffen gegen das Alter die Wissenschaften und die rastlose Übung sittlicher Kräfte. Unser Fehlverhalten dem »Alter« gegenüber könnte leichter ausgeglichen werden, wenn auch die »Alten« selbst im Rahmen ihrer Möglichkeiten diesem Rat Folge leisteten.

Im Zusammenhang damit vermerken Gertrude und Thomas Sartory: »Wenn ältere Menschen sich als unfähig erweisen, ihr Bewußtsein zu verändern, dann nicht deshalb, weil sie das Alter notwendig starr und unbeweglich macht, sondern weil sie das Lernen verlernt haben. Die Lernfähigkeit folgt nämlich aus dem Lerntrainingszustand. Wo oder wann wird aber dem Durchschnittsbürger im mittleren Lebensalter noch ein Lerntraining abverlangt? Im Gegenteil: die Sprichwörter verführen ihn zu der Meinung, Lernzeit sei nur die Kinder- und Jugendzeit, später sei man zum Lernen zu alt. ›Was Hänschen nicht lernt, lernt Hans nimmermehr!‹ Solche Sprüche sind irreführend. Wer lerntrainiert ist, hört nicht auf zu lernen bis ins hohe Alter – bleibt bereit, sich neuen Gesichtspunkten zu öffnen, bisherige Ansichten zu revidieren, und sich den gegenwärtigen Problemen der Zeit zu stellen.«

Es ist das »Alter« nicht die Krönung des Lebens, ebensowenig wie der Tod sein Ziel. Man wird nicht »alt«, man wird »alt« gemacht. »Altern« ist nur ein »Phänomen«, das von der Gesellschaft herbeigeredet wird.

In unserem technokratisch-elektronisch ausgerichteten Wirtschaftssystem werden »Alte« allein aus produktionswirtschaftlichen Interessen als Absatzpotential allmählich an Bedeutung gewinnen. Die neue »alte« Generation wird ebenso unerbittlich vermarktet werden, wie es mit der »jungen« bereits geschieht. Einer nekrophilen Gesellschaft, die derart verantwortungslos mit ihren »Alten« umgeht und unabwendbar auf eine Neurose zusteuert, fehlt es an psychischer Reife und Lebensethos.

Ein »glückliches Alter« setzt die Befreiung von Vorurteilen bei allen Gliedern der Gemeinschaft voraus, verlangt ein Abschütteln der überkommenen Maßstäbe und eine Überwindung der Grenzen zwischen den verfeindeten Parteien. Solange wir nicht begreifen, daß jeder einzelne ein Teil des Ganzen *und* gleichzeitig das Ganze selbst ist und daß eine Gesellschaft nicht nur die Summe ihrer Teile darstellt, sondern *als* Gesellschaft stets *mehr* ist als diese, werden wir keinen Weg aus dem Debakel finden. Auf die Frage aber, wie eine Gesellschaft beschaffen sein muß, damit ein Mensch auch im »Alter« ein Mensch bleiben kann, gibt Simone de Beauvoir die einzig mögliche Antwort: »Er muß immer schon als Mensch behandelt worden sein, nicht als Material, nicht als Objekt. Liebe deinen Nächsten, der du selbst bist.«

Geliebt aber werden nur die Kinder, nicht die Alten. So sollen im Bonner Bundestag künftig alle Gesetzesvorlagen auf ihre Kinderfreundlichkeit überprüft werden. Politische Aktivität für das Kind ist nicht abzulehnen, solange sie nicht nur der Sorge um die kommende Rentenfinanzierung entspringt. Der Kronberger Kreis, der sich für Vermögensbildung statt Rente einsetzt, weiß, daß es im Hinblick auf eine menschengerechte Alterspolitik günstigere Entwicklungen geben kann, als wir es bis jetzt voraussehen. Aber: »Obwohl die Wahrscheinlichkeit gering ist, daß ein Schiff sinkt, muß es für diesen Fall durch Mitnahme von Rettungsbooten vorsorgen. Auch im Wirtschafts- und Sozialsystem können wir nicht darauf vertrauen, daß ein Deus ex machina als Retter auftaucht. Die Aufgabe besteht daher darin, den Katastrophenfall durch menschliches Ermessen auszuschließen.« Der Alters-Super-GAU ist vermeidbar – nicht nur wenn wir die »Toten auf Urlaub« lieben, weil wir eines Tages selbst zu ihnen gehören.

In Zukunft die Erinnerung
oder
»Vater, erzähl vom Krieg«

Wer von einer veränderten Gesellschaft träumt, stellt sich diese stets besser als die gegenwärtige vor. Und da – wie im vorhergehenden Kapitel erläutert wurde – jede Gesellschaft immer sowohl die Summe ihrer Teile wie auch *mehr* als diese Summe ist, betrifft jede Veränderung einerseits die einzelnen Teile, zum anderen aber auch das Gefüge insgesamt. Wenn sich im Verhältnis der Generationen zueinander nur ein Element verändert, werden zwangsläufig die anderen Teile davon erfaßt. Bewegen sich plötzlich alle aufeinander zu, geht ein Ruck durch die Gemeinschaft, und sämtliche Blöcke werden in die Umgestaltung einbezogen: *Perestrojka* in jedem Bereich, über alle Grenzen hinaus.

Für unser Thema bedeutet Perestrojka zunächst das Vermögen zuzuhören und wechselseitig auf das zu achten, was der jeweils andere zu sagen hat. Zuhören meint, durch das Wort zum Sprechenden vorzudringen, ihn wahr- und anzunehmen. Nur ein solcher Dialog läßt an den wertvollen Erfahrungen und Erinnerungen sowie an unbekannten Denkweisen anderer teilhaben. Im Wort *teilt* der Sprechende sich mit, und durch diese Mit-Teilung gibt er Zeugnis, bietet sich selbst dem anderen dar. Wenn Geber und Nehmer, Sprecher und Zuhörer zu einer Einheit verschmelzen, entsteht »lebendiges Wort«, wird das Wort Leben.

»Sucht den Rat der Alten«, empfiehlt der libanesische Prophet Khalil Gibran, »denn ihre Augen haben ins Antlitz der Jahre geschaut, und ihre Ohren vernahmen die Stimmen des Lebens.«

Unsere »Alten« haben einen oder beide Weltkriege miterlebt, und nur sie sind es, die von dem mörderischen Umgang mit Macht in der Vergangenheit Zeugnis geben können. Wenn die Zeit »die Wunden geheilt« hat und »Gras über die *Sache* gewachsen« ist, können nur die Erzählungen der Zeitzeugen dafür sorgen, daß die Greuel der zwei größten Tragödien der Menschheitsgeschichte nicht vergessen oder als Erfindung und Übertreibung abgetan werden. Die von rechtsextremistischer Seite angeführte »Auschwitz-Lüge« ist bereits Anzeichen für eine gefährliche Fehlentwicklung. Wenn eines Tages kein Augenzeuge mehr lebt, der *uns* lebendigen Bericht erstatten kann, sind die Geschehnisse jener Epoche nur noch in Büchern und Wochenschauberichten nachvollziehbar.

Caesar, Alexander »der Große«, Dschingis Khan, Napoleon, letztlich alle Usurpatoren treten in den Geschichtsbüchern als *Helden* auf. Daß ihr »Heldentum« Millionen Menschenleben kostete, scheint nebensächlich. Geschichte ist heute immer die Geschichte der Siege und nicht das Zählwerk einer Schlachtbank. »333 – Bei Issos Keilerei«; kein Wort von den Toten, den Waisen, den Witwen, von Angst, Schmerz und Marter. Die Antworten auf die persönliche Aufforderung und die Bitte »Vater, erzähl vom

Krieg« können jedoch anscheinend kaum eigene Erlebnisse ersetzen. Jeder muß – wie sattsam bekannt ist – seine Erfahrungen selbst sammeln. Das läßt wenig Hoffnung, daß die Zeit der Kriege einmal endgültig vorbei sein wird. Wenn es allerdings Ziel eines Krieges ist, menschliche Freiheit zu unterdrücken, so ist er heute, zumindest in den »zivilisierten« Ländern ohnedies überflüssig geworden. Der Kampf gegen die menschliche Freiheit funktioniert mit wesentlich subtileren Mitteln. Lautlos wirken die Waffen des anonymen modernen *Wirtschaftskrieges.* Damit sind nicht unbedingt Sanktionen gemeint, sondern die ökonomische Versklavung des Menschen durch anonyme economy-networks, durch Konzerne, Holdings, Trusts usf., bei denen nie eine einzelne Person zur Verantwortung gezogen wird. Scheinbar pluralistisch wird bestimmt, was *man* zu essen hat, welche Kleidung zu tragen, welches Auto zu fahren.

Die Tatsache, daß man ohne Ausnahme »jung« zu sein hat, um gesellschaftlich anerkannt zu werden, gehört ebenfalls zu den Grundvoraussetzungen dieser Wirtschaftskriegsführung, die sich im Gegensatz zum konventionellen Krieg Tote auf dem Schlachtfeld nicht mehr leisten kann. Die Wirtschaft benötigt lebendige Konsumenten. Wer dagegen nicht mehr als »Verbraucher« in Frage kommt, weil er abgewirtschaftet hat und dem Sterben nahe ist, kann in eine der modernen »Sterbekliniken« eingewiesen werden, an die wiederum vielfältige wirtschaftliche Interessen geknüpft sind.

Mit Hilfe von Morphium und Heroin wird dort der schmerzvolle Kampf mit dem Tod von vornherein abgeblockt. Wer nicht selbstquälerisch veranlagt ist und den Tod aus ärztlicher Hand nicht scheut, nimmt diesen

Dienst gerne an. Es hat sich eingebürgert, nicht mehr zu Hause und schon gar nicht im Beisein der Familie zu sterben, weil diese nicht belastet werden will und der Sterbende selbst sich seines Zustandes *schämt.*

Heroin gegen Schmerzen könnte auch zu Hause verabreicht werden. Doch das Gesetz erlaubt den Einsatz dieser kostspieligen Drogen nur im Krankenhaus respektive in der Sterbeklinik.

In der eigenen Wohnung darf ohnedies nicht mehr gestorben werden. Umstände machen, auch noch im Tod! Unter Rücksichtnahme auf die werten Mitmenschen und den suburbanen Frieden stirbt es sich besser auswärts und – anonym.

»Noch nie zuvor«, schreibt Gerd Bucerius, »gab eine Gesellschaft den Jungen soviel Freiheit, sich selbst zu entfalten – und dazu den nötigen Wohlstand. Es sind die Alten, die die Jungen vom Hunger befreit und ihnen die Zeit für kreative Muße verschafft haben. Die Gesellschaft kann hoffen, daß die Jungen die Chancen nutzen, die ihnen geschenkt wurden. Den Alten aber ist ein Vorwurf zu machen: sie begeben sich den Jungen gegenüber in eine Demutshaltung, aus der die Jungen falsche Schlüsse ziehen müssen.« Und dies geschieht, könnte man den Gedanken weiterführen, obwohl immer mehr ältere immer weniger jüngeren Menschen gegenüberstehen. »Gegenüberstehen« meint dabei, gegeneinander gerichtet sein.

Ein Miteinander, Beieinander oder Füreinander gibt es so lange nicht, wie zwischen den Generationen ein »Vertrag« existiert, der lediglich »auf der Vorstellung eines Finanzierungsgleichgewichts zwischen den Abzügen von dem im Produktionsprozeß erzielten Einkommen und den

Zuwendungen an die Nichtverdiener beruht. Stets bleibt das von der erwerbstätigen Bevölkerung bereitgestellte Dienstleistungsvolumen die einzige Quelle, aus der der jeweilig geltende Dienstleistungsversorgungsanspruch zu decken ist.« Ein solcher Vertrag muß seine Gültigkeit in dem Moment verlieren, wenn die wachsende Zahl von »Nichterwerbstätigen« von immer weniger »Erwerbstätigen« nicht mehr versorgt werden kann. Und da die durchschnittliche Lebenserwartung in der Bundesrepublik gegenwärtig bei 70,5 Jahren für Männer und 77,6 Jahren für Frauen liegt, die Alten »also immer älter« werden, bleibt – um die Katastrophe zu verhindern – gar nichts anderes übrig, als das Verhältnis der Generationen zueinander neu zu überdenken und zu gestalten.

Eine Maschinensteuer für Her- und Aufsteller von Robotern, die menschliche Arbeitskraft ersetzen, bringt nur wenig Entlastung für eine vernünftige Arbeitspolitik. Eine flexible Gestaltung der »Alters«grenze, eine wöchentliche Arbeitszeitverkürzung bei gleichbleibenden, nicht steigendem Lohnanspruch unter Miteinbeziehung und Wiedereingliederung der Rentner und Pensionäre, sofern diese es wollen, könnte einen Grundstein dazu liefern. Auch die Einführung eines gemeinsamen »Rates der Alten *und* Jungen« wäre vorstellbar. Er könnte einerseits mit seiner Energie, Willenskraft und Urteilsfähigkeit, andererseits mit seiner Besonnenheit und positiven Autorität auf die wesentlichen Belange des Gesellschaftslebens einwirken. Ein solcher Rat wäre ein die wirtschaftlichen Absichten übersteigendes Idealziel: Beide Seiten »profitieren« voneinander, und die Kosten-Nutzen-Rechnung erbringt bei einem geringen Aufwand an Kosten ein Optimum an Nutzen.

Für eine Untersuchung über das »Alter« ist es aufschlußreich zu sehen, wie sich die Position des »alten« Menschen im Verlauf der Evolution darstellt. Der Soziologe Leopold Rosenmayr, Leiter des Ludwig-Boltzmann-Instituts für Sozialgerontologie und Lebenslaufforschung an der Universität Wien, beschreibt diese Altenposition in der menschlichen Entwicklungsgeschichte als Vier-Phasen-Modell:

»In der *ersten Phase*, der Urgeschichte, der Stammeskultur und der frühesten Hochkultur wurde das Regelsystem von den Alten repräsentiert. Die Information floß, bei Priorität sakraler und mystischer Kenntnisse, in Stufen von den Älteren mit den höheren Weihen zu den Jüngeren, die im Wissen und in den Weihen aufrücken konnten. Die Sicherheit wurde vom Gesamtsystem getragen, das die Alten kontrollierten. Erst die Hochkultur legte die Grundlage für die Ermöglichung kontinuierlicher Lebenslauf-Erfahrung mit hervorragendem Kompetenzwert. Die Festigung der Altenposition durch ›Lebenserfahrung als Gesamtwert‹ wird erst in der Hochkultur in ihrem differenzierten und dem sozialen Einzelaufstieg geöffneten System nützlich. In den traditionellen, auf patriarchalischen Loyalitäten aufgebauten Hochkulturen erscheinen die Alten als Beratungsinstanz. Sie sind nicht mehr Herrschaftsträger und Systemkritiker.

In der *zweiten Phase*, der entwickelten Hochkultur, bleibt der Beratungsvorteil der Alten bestehen. Aber die verallgemeinerte Gerechtigkeit oder die allgemeine Rechtfertigung durch Gott im Glauben drängen das Alter in den Hintergrund. Im frühen Christentum wird Alter an das Elternbild angelehnt – wird es zum erstenmal in der menschlichen Evolution radikal familisiert. Die Familie stützt die

Alten, die übergeordnete Gemeinde springt – nach dem Subsidiaritätsprinzip – ein, wenn die Familie versagt.

In der *dritten Phase*, der Moderne, zählt das Neue, muß das Alte überwunden werden. Den Alten werden Refugien für ihren Lebensabend angeboten, in romantischen Aufwallungen erhalten sie Schaustück-Wert. Weder von einer ›Systemstützung‹ noch einer Beraterfunktion kann in der Moderne für die Altenposition die Rede sein. Allerdings werden Freiräume der vernünftigen Selbstgestaltung für das Alter als zur Verantwortung des einzelnen gehörig herausgestellt. In der Industriegesellschaft, welche den ›Ausstoß‹ produziert, setzt die Vorverlegung des ›Ausstoßes‹ bzw. Ausgestoßenwerdens aus der Arbeitswelt, die jedoch ihrerseits sinn-unsicher geworden ist, ein. Hatten die Identifizierung mit Betrieb und Arbeit, das Unauflöslichkeits-Denken bezüglich Ehe und Familie selbst bei starkem wissenschaftlichen und technologischen Wandel bis über die Mitte des 20. Jahrhunderts weitgehend institutionalisierte Daseinssicherheiten geliefert, so ist dem ausgehenden 20. Jahrhundert in der hochentwickelten Gesellschaft von diesen Sicherheiten nur mehr wenig vergönnt. Statt dessen werden ›Chancen‹ geboten, die zu ergreifen und zu gestalten höchstens kleinen, in – Bildungs- und Selbsterziehung – begünstigten Minderheiten vergönnt ist.

In der *vierten Phase*, der Gegenwartsgesellschaft, verheißen die aufstrebenden Jugendbewegungen die Erneuerung von Werten, ja der Gesellschaft durch Macht-Umverteilung, ›Demokratisierung‹, Emanzipation usw. Hinzu kommt ein allgemeiner Innovationsdruck, der auf immer neue Produkte, auf neue Selbstdarstellung als Massenerscheinung, auf neue Auslegungsformen zielt. Die Alten werden zu einer ›wenig durchleuchteten Zielgruppe‹. Die

Machtposition der Alten ist evolutionär unwiederbringlich verloren. Als Gegenangebot könnte eine gesellschaftlich nicht nur gestützte, sondern auch ermöglichte Freiheit für die Älteren und Alten helfen.« (»Wie wollen wir morgen älter werden?«, Hrsg. Aktion Gemeinsinn e. V., Bonn 1987)

»Großvater, du warst mein erster Freund«, heißt ein österreichischer Pop-Song. Sollten wir nicht unter einer neuerlichen Kollektivscham leiden wollen, müssen wir darauf achten, daß wir unserem besten Freund nicht zum ärgsten Feind werden und ihn auch nicht als *oral history* mißbrauchen. Und unser Freund selbst sollte seine »Früher-war-alles-besser«-Position aufgeben und gegen den eigenen sowie den fremden Starrsinn angehen, der jede Form der Flexibilität, des Forschens und Ausprobierens verhindert. Das »Alter« gibt nicht nur die Möglichkeit, Versäumtes nachzuholen, sondern vor allem Unbekanntes, Neues zu entdecken und zu er-leben. Es ist nicht zu Passivität verdammt und muß nicht zum »Weltlosen Ich« verkümmern. Die Frage »Wann habe ich eigentlich *gelebt*?« wird sich als sinnentleert entpuppen, da das herabwürdigende Verhalten der Gesellschaft gegenüber dem »Alter« einem freiheitlichen Mut, sich zueinander zu bekennen und sich aneinander zu erkennen, den Platz räumen wird.

Bevor der Pazifist und Sozialist Scott Nearing 100jährig starb, bekannte seine Frau Helen: »Er hat seine Aufgabe erfüllt, er darf jetzt gehen.« Wer erfüllt heute schon seine Aufgabe? Kennt der Homo sapiens keinen weiteren Sinn in der irdischen Wegwerfgesellschaft, als mit dem eigenen Leichnam die Menschen-Müllhalden zu vergrößern? Als Maß aller Dinge wähnt sich das Individuum, bis es *den Löf-*

fel wegschmeißt und »wie Rauch vor starken Winden« vergeht. Wird man sich seiner erinnern?

Und wie kann Krieg ausgerottet werden, wenn sich schon die organisierten »Alten« selbst untereinander bekämpfen? Die oben geforderte Einführung eines gemeinsamen »Rates der Alten *und* Jungen« muß scheitern, solange wir nicht begreifen, daß die Idee eines Lebens ohne Grenzen nicht simpler Gleichmacherei oder romantisierendem Gefühlsüberschwang entspringt, sondern vielmehr der Einsicht in die vernünftigste aller Möglichkeiten des gewaltfreien Lebens: Das *Für*einander von »jung« und »alt«. Wer dagegen »Abgrenzung ohne Aggression, als Einsicht in die natürlichen Unterschiede« fordert, ändert nichts an der Situation, die den alten Menschen zum öffentlichen Gespött einer Gesellschaft macht, welche aus Angst vor dem kollektiven Altwerden täglich in den Spiegel blickt und die ersten grauen Haare zwar erschrocken wahrnimmt, doch das Problem durch simples Ausreißen oder Färben zunichte zu machen glaubt.

Ecce homo! Ecce senex!
oder
Das Gespött der anderen

Schleichend, beinah unmerklich werden die »Alten« von unserer Gesellschaft diskriminiert. Einerseits erklären wir die Würde des Menschen für unantastbar, auf der anderen Seite aber werfen wir jedem, der dem gesellschaftlichen Ansehen abträglich ist, schiefe Blicke zu. Welche Anmaßung, »keinem über dreißig« trauen zu wollen!

Schon die Alltagssprache bietet erschreckend konkrete Einblicke in diesen Sachverhalt, vergegenwärtigt man sich Phrasen wie »Stell dir vor, der geht *noch* mit achtzig auf die Berge«, »Der tanzt *noch*«, »Der fliegt mit fünfundsiebzig *noch* nach Mauritius«. Hinter diesem »noch«, das beim Kleinkind »schon« heißt (es krabbelt, spricht, lacht »schon«), verbirgt sich ein »noch immer«, das nur scheinbar bewundernd, in Wirklichkeit jedoch abwertend gemeint ist. Was anerkennendes Staunen bezeugen will, entpuppt sich als Verachtung und Hohn. Es wäre besser aufzuhören als weiterzumachen, möchte solches »noch« zum Ausdruck bringen. Denn »in *diesem Alter* sollte man *so etwas* eigentlich unterlassen.«

»Sehet, welch ein Greis!« ruft die Menge beim Anblick des 80jährigen, der in einer Diskothek tanzt. Dieser wird überrascht sein, daß die Anerkennung, die ihm für seinen

»Mut« gezollt wird, sich außerhalb des modernen Bühnenweihfestspiels in Spott wandelt. Wer seine Zugehörigkeit zur Jugend demonstrieren will oder sich ganz schlicht mit den Rhythmen synthetischer Musik angefreundet hat, wird ausgelacht. Wer ausgelacht wird, ist aus, kommentiert Améry.

Aus ist es mit dem, der von selbst versucht, die Schranken zu überwinden, *aus* hat der zu sein, der nicht dort anzutreffen ist, wo die Gesellschaft ihn statusgemäß eingeordnet hat. Jeder Ort ist für ein Ding – jedes Ding an seinen Ort, lautet die Apartheidformel im Kampf der Generationen. »Junges Gemüse« contra »alte Schachtel«: Der Zynismus der Gesellschaft gegenüber den »skurrilen Alten« nimmt hier grausame Ausmaße an. Wer sich nicht an die vereinbarte Altersklassifizierung hält, wird rücksichtslos verschmäht. »Was reif ist, fault auch schneller«, heißt es im Sprichwort, aber auch, daß Alter »Ernte« sei. Demzufolge müßte der Tag des Absterbens zum Erntedankfest deklariert werden.

Die Rolle des einstigen Dorfältesten hat heute ein »junger«, dynamischer Bürgermeister übernommen, der sich auf die Altersfrage angesprochen bedeckt hält. Ihm ist die Beschäftigung mit den älteren Bürgern, den nutzlosen Mäulern, derer Stimmen er freilich für eine Wiederwahl benötigt, lästig. Er hat sich ganz auf den Ausbau landschaftlicher Infrastruktur und die Erweiterung touristischen Hotelbedarfs konzentriert. Da die »Alten« keinerlei wirtschaftliche Macht darstellen und Wirtschaft als Interessenverband zur Unterdrückung des Menschen mißbraucht wird, der sich nur scheinbar die »Versorgung des Bürgers mit Gütern und Dienstleistungen« zur Aufgabe macht, haben die »Alten« so lange keine Zukunft, wie sie in ihrem Nicht-mehr-mithalten-Können verharren müssen. Der Circulus vitiosus indes, in dem sich »Wirtschaftsfunktionäre« selbst die Zukunft verbauen, ergötzt die Oberwelt-Kriminalitäts-Schlange, die sich in freudiger Genugtuung in den Schwanz beißt. Der Kreis hat sich geschlossen.

Die Zusammenhänge von Wirtschaft, Gesellschaft und »Alter« sind so komplex, daß eine klare Trennung nicht mehr möglich ist. Hier schadet der Mensch nicht nur seinem Nächsten, es gelingt ihm sogar, auf sich selbst hereinzufallen. Ein dialektisches Phänomen:

Der Homo ludens, der spielende, spielerische Mensch, entwickelt sich zum televerspielten Zeitgenossen. Es entsteht das verkabelte, verdatete Individuum. Der verbildplattete Bürger, der nur noch ein »plattes« Bild seiner selbst ist, verkümmert zum Videoten. Seelische Vorgänge sind ihm fremd, höchstens Mikrochip-Prozessoren sagen ihm noch etwas. Er hat sich entäußert an eine Welt, die mit einem Minimum an Aufwand ein Maximum an Nächstenhaß leistet. Dem »Alten«, dem sich diese Welt versagt, gilt nur noch sein Hohn und Spott. Ecce senex!

Wir haben gesehen, daß immer, wenn von einer »Würde des Alters» gesprochen wird, nur *die* Würde gemeint ist, die den »Alten« oktroyiert wird, nicht jene, die das »Alter« selbst als *eigene* Würde versteht. Es bleibt dem abgeschobenen »Alten« daher nur die Möglichkeit, sich bellend gegen die Herrschaft der »zynischen Vernunft«, gegen das Gespött der anderen aufzulehnen. Als friedvoller Anarchist möchte er Symbiose schaffen, doch stellt er sich damit gegen alle, die ausschließlich unter sich sein wollen. Nicht standesgemäß sei er, versucht man ihm einzureden, bis er es selbst glaubt und fast schon bereit ist, sich zum Sterben zurückzuziehen. Er blättert in den Zeitungen und trifft bei den neuesten Todesanzeigen immer wieder auf die Formulierung von einem »langen, erfüllten« Leben. Da er sich an ein solches bei bestem Willen nicht erinnern kann, beschließt er, um Heuchelei und Selbstbetrug aus seiner »Endphase« zu verbannen, zunächst den Begriff »Senior« abzuschaffen, weil dieser wie der Ausdruck »Junior« von etwas spricht, was man nicht für ganz voll nimmt.

Ferner nimmt er sich vor, Miss Marple als Prototyp einer wilden 80jährigen ein Denkmal zu errichten. Die Zwangsjacke der Knechtschaft will er gegen die Toga der Freiheit tauschen und das »Alter« als Herausforderung gegen die Tempoversessenheit der Zeit annehmen. Anerkennung des Alters bedeutet ihm, der von der Gesellschaft »alt« gemacht wurde, die Anerkennung des Menschen, des Lebens. Jede Verdrängung des »Alters« wäre für ihn ein Akt der Selbstverleugnung. Er wendet sich zudem gegen die sich ausbreitende Meinungsstarrheit und kämpft für Altersteilzeitarbeit. Er verweist auf die Alchemisten, denen Geist sowohl »senex« als auch »juvenis« war, sowie auf den Gott Apoll, der zugleich als stürmischer Jüngling und als weiser Alter verehrt wurde. Doch hat er auch von C. G. Jung gelernt, daß der Archetypus des »alten Weisen« einen positiven und einen negativen Aspekt beinhaltet. »Das Erkenntnismoment«, hört er den Regisseur John Huston sagen, »in dem wir die Differenz zwischen dem sehen, was wir zu sein glauben, und dem, was wir sind, ist eine Erfahrung, die die Seele erschüttert.« Der »alte« Mensch hat diese Erfahrung schon oft erlebt, besonders dann, wenn ihm sein Dasein im »Alter« als Schandfleck vorkam.

Doch als er merkte, daß nur Rebellen und Revolutionäre *ihre* Welt verändern, konnte er nicht mehr länger warten.

Gerade dieses Warten hatte bislang sein Nichtstun bestimmt, und er war sich darin selbst fremd geworden. Jetzt würde er leben, sich in den anderen Menschen selbst erkennen. Jetzt würde er nicht mehr wägen, sondern wagen. Ja, er würde das Leben wagen.

Die unterschwellige Angst einer Gesellschaft vor dem Altwerden hat notwendigerweise die strikte Ablehnung jener zur Folge, die heute schon so aussehen, wie man eines Tages selbst aussehen wird. Heinz Rühmann z. B. fällt das Älterwerden nicht schwer, er ist sogar nach eigenem Bekunden damit sehr zufrieden. Entdeckt aber die *Öffentlichkeit* den »gealterten Schauspieler« bei einem Interview am Bildschirm, stammelt sie entsetzt: »Mein Gott, ist *der* alt geworden.« Heinz Rühmann wird das Altern vor aller Augen verboten, er hat der Pfeiffer mit den drei »f« zu bleiben.

Die öffentliche Meinung formuliert die Gesetze über Aussehen, Alter und Jugend, Liebe und Haß. Wer sich ihrem Diktat widersetzt, wird ausgegliedert; er darf nur »dabeisein«, wenn es darum geht, als Versuchsobjekt das Sterben des »Menschenmaterials«, des »Krankengutes« hinauszuzögern. Ein so Behandelter muß sich auf seine Weise rächen: Er wird zum YUPSIE, zum »young-urban-professional-senior« oder zieht nach Kalifornien in die Alten-Landkommune »Sun Valley«, wo er – und hier ereilt ihn das gleiche Schicksal wie in Bad Harzburg – wiederum nur unter seinesgleichen lebt, freilich unter einer größeren Sonne; das mag ihm schon genügen.

Es existieren Ansätze, den globalen Generationenwahn aufzuhalten. Die Bonner »Aktion Gemeinsinn«, eine Vereinigung unabhängiger Bürger, startete schon 1962 eine umfassende Kampagne unter dem Motto »Das Alter darf nicht abseits stehen«. Ihr folgte 1987 eine zweite: »Wie wollen wir morgen älter werden?« In Österreich wurde von der Ärztin Maria Hengstberger die Aktion »Schenken Sie Liebe« ins Leben gerufen. Hier besuchen junge Menschen Insassen von Pflege- und Altersheimen, um ihnen wenigstens eine Stunde Zuneigung zu gewähren. Seltsam ist, daß alle Versuche dieser Art, das Leben menschenwürdiger zu gestalten, nur von privater, nicht aber von staatlicher Seite geschehen. Die öffentliche Hand schiebt das Problem beiseite und hält sich sogar von einer Förderung der Altersforschung zurück. Für die Verkürzung des menschlichen Lebens dagegen wird alles nur Erdenkliche unternommen, freilich unter dem *moralischen* Vorwand der Verteidigung.

Das Gewicht des »Alters« wird allmählich auch von der Werbeindustrie und den Medienkonzernen wahrgenommen. Nicht aber, um Veränderungen herbeizuführen, sondern weil man erkannt hat, daß die »Alten« ein beständig wachsendes Absatzpotential bilden. In diesem Zusammenhang meldete dpa, daß der amerikanische Medienmarkt dabei ist, eine riesige, kaufkräftige, bisher von ihm kaum beachtete Bevölkerungsschicht zu entdecken, die Bürger im reifen Alter. Nach einer Aufstellung der Zeitung »USA Today« steckte die Hälfte der verfügbaren Einkommen Amerikas – circa 132 Milliarden Dollar im Jahr – in den Taschen der über Fünfzigjährigen. Wenn dieser kaufkräftige Markt trotzdem kaum durch spezielle Produktwerbung angezapft wurde, dann liegt das nach Ansicht von Experten u. a. daran, daß Werbung meist von jungen Leuten gemacht wird, denen es schwer fällt, sich auf die ältere Generation einzustellen. Vor allem aber fürchtet die Branche, daß Senioren auf sie zugeschnittene

Kampagnen ablehnen, weil sie nicht an ihr Alter erinnert werden wollen. Um diese Schwierigkeit zu umgehen, unterläßt z. B. das zweimal jährlich erscheinende Magazin »Grandparents« jede Anspielung auf das Alter und konzentriert sich auf den Familienstand seiner Leser. Das Konzept scheint zu funktionieren, denn der Verlag, der schon das »American Baby« herausbringt, will mit »Grandparents Today« nachstoßen. Das ebenfalls zweimal jährlich erscheinende Blatt wird von einer Spielzeugfirma gefördert, die sich offensichtlich die ausgeprägte Schenkfreudigkeit von Großeltern zunutze machen will.

Egal, was in dieser Welt geschieht, in der Hoffnung auf Profit reagiert der »Markt« sofort. Selbst vor *Glasnost* machte die Industrie nicht halt. Schon vor dem Gipfel in Washington waren in Boutiquen und Warenhäusern Jogging-Anzüge, Turnschuhe, Hosenträger und Accecoires, mit kyrillischer Schrift bedruckt, der Renner. Und als gar noch aus »Jesus-Christ-Superstar« »Gorbatschow-Superstar« wurde, kannte die Kauflust am unpolitischen Polit-Look keine politischen Grenzen mehr. Bei einer Pariser Modenschau hingegen trugen die Mannequins Grauhaarperücken, um anschaulich zu machen, daß die sehr jugendliche Sommermode jedem Alter angemessen sei. Mit allen Mitteln werden dem Konsumenten Möglichkeiten der Identifikation suggeriert.

Der Mensch wird von Menschen vermarktet, wobei es nunmehr keine Rolle spielt, ob er schön oder häßlich, »jung« oder »alt« ist. Der Erfolg der »anderen« über die »anderen«, die beide bereit sind, sich ausbeuten zu lassen, übersteigt selbst den Hohn atomarer Rüstung und der Feindbildaufbereitung. Die wirtschaftliche Vollauswertung *bringt* auch mehr. Schließlich kann man nur an Menschen als »Absatzpotential«, als »Kaufkraftgruppe« verdienen, solange sie nicht tot sind.

Sehet, welch ein Greis! ruft einer, der seine Hände in Unschuld wäscht, den »anderen« zu. Sie aber schreien: Weg, weg mit dem. Da überantwortet er ihn, daß er gekreuzigt werde. Sie aber nehmen ihn und führen ihn hinaus zu dem Orte, der da heißt Schädelstätte.

Die Welt zum Tode
oder
»Alles Vergängliche ist *nur* ein Gleichnis«

Wer ein Buch über das Alter verfaßt, kann nolens volens die Frage nach dem Tod nicht übergehen, gerade weil sie in der modernen, zivilisierten und aufgeklärten Konsumgesellschaft zur Seite geschoben und tabuisiert wird. Ob von etwas gesprochen werden darf oder nicht, läßt sich leicht am Sprachgebrauch ablesen. Selten ist in Todesannoncen davon die Rede, daß jemand *gestorben* sei. Er wurde heimgeholt, erlöst, schlief ein, entschlief sanft, ging hinüber. Selbst in der Umgangssprache wird das Wort »Tod« vermieden und durch bizarre Metaphern umschrieben: einer hat ins Gras gebissen, ist über den Jordan gegangen, in die Grube gefahren, seine Uhr ist abgelaufen, er hat daran glauben müssen, ist hopsgegangen und abgenippelt, hat den Arsch zugekniffen, ist zur großen Armee abberufen worden, hat seine letzte Reise angetreten. Solche Wendungen bezeugen Verdrängungsmechanismen. Sie machen nicht nur betroffen, sondern veranlassen zum Nachdenken darüber, warum gerade das Ereignis, welches das Leben abschließt, nicht mehr beim Namen genannt werden darf.

Auch die Problematik des »Humanen Sterbens« wird nur äußerst widerwillig verbalisiert und gerät immer nur dann in die Schlagzeilen, wenn ein Mensch durch aktive

Sterbehilfe Aufsehen erregt. Der Tod erscheint als die absolute Entmächtigung der eigenen, der gesamten Welt. Eine Ars moriendi wird nicht gelehrt. Was kann man schon vom Sterben lernen? Obwohl Sterben täglich mitten unter uns stattfindet, bleibt das Thema Tod tabuisiert.

Eigenartigerweise wird nur die Frage gestellt, weshalb der *Mensch* altert und stirbt. Bei Tieren und Pflanzen dagegen ist der Prozeß des »Verendens« selbstverständlich. Noch schwieriger wird die Problematik, bedenkt man, daß das gesamte Universum dem Gesetz von Werden und Vergehen unterworfen ist. Gibt es den Tod des Universums, den sogenannten »Big Crunch«, so wie es seine Geburt, möglicherweise als »Big Bang«, gab? Kann Materie, kann Energie *sterben*? Schon 500 Jahre v. Chr. findet Heraklit auf diese Fragen eine Antwort: »Leben und Totes, Wachendes und Schlafendes, Junges und Altes sind eines. Denn das eine wandelt sich ins andere – und das andere zurück in das vorige.«

Was uns hier vordringlich beschäftigt, ist die Art, *wie* heute ein Leben endet: »Noch nie sind Menschen so hygienisch gestorben und noch nie so einsam«, wirft Norbert Elias vor. »Man kann Menschen nicht der Hygiene wegen das Wertvollste von allem nehmen, die Zuneigung anderer.« Die schon erwähnten Sterbehospize, wie es sie in den USA und in Großbritannien gibt, sind mittlerweile auch in die Bundesrepublik vorgedrungen: In Köln, Recklinghausen und bis Ende 1988 auch in München wird – ausgerechnet von den Barmherzigen Brüdern und der Caritas – nicht Hilfe zum Sterben, sondern *im* Sterben als Errungenschaft der Moderne angeboten. Diese Häuser sind – wie die Träger betonen – keine Sterbeghettos. Doch was sollten sie anderes sein als Leichenfabriken? Jede Form einer *institutionalisierten* Möglichkeit, das Sterben zu erleichtern, widerspricht einem menschenwürdigen Tod.

Im Krankenhaus stirbt man umgeben von 599 Betten und ist dennoch isoliert. Altersheime und Sterbekliniken werden ihrer Aufgabe gerecht. Die Traurigkeit des Todes wird weder erträglich gemacht oder abgeschafft, im Gegenteil, sie wird gesteigert. Für »junge« Menschen ist der Tod ein Abstraktum. Dem »alten« in der Sterbeklinik offenbart er sich als eine das Normalmaß übersteigende Grausamkeit. Die Stereotypie des »Ab-Lebens« wiederholt sich in sämtlichen Abstellkammern der so christlichen Hospize. Der Sterbende belastet den Betrieb, räumt sein Bett nicht zugunsten bereits wartender Patienten, weil er nicht tot sein will oder weil sein Sterben so lange dauert.

Die meisten »Alten« sterben lange vor ihrem Tod. Ihr Leben war ein Prozeß des Sterbens. Ihr Nein zum »Alter« war ein Nein zum Dasein. Sie haben sich betrogen, wo es ging. Ihre Lebenslüge wurde im Sterben fortgesetzt und wirkt über den Tod hinaus, wenn der Grabstein von der Ruhe im Frieden kündet. Seneca meint, es sei der Philosophie zu danken, wenn man dem Tode »mutig und froh« ins Antlitz blicken könne, wie immer es um den Körper stünde. Doch diese Haltung würde eine geduldige Erziehung zu Gleichmut voraussetzen, die einem das Leben aber nicht gönnen will.

Wer vom Frieden des Todes redet, ist, wie Jean Améry sagt, eigentlich nur über den Unfrieden des Lebens entsetzt. Hier zeigt sich nicht zuletzt die Notwendigkeit, für ein Leben ohne Grenzen zu plädieren. Dieses meint die radikale Aufhebung der Trennlinie zwischen »jung« und

»alt«, die Eliminierung der sozialen Kategorien. Es bedeutet einen grundlegenden Bewußtseinswandel der Gesellschaft, die für Olympia trainiert und zur selben Zeit guten Gewissens die Endlösung für sich selbst vorausplant.

Dieses Buch fordert die Auflösung aller Formen politischer, gesellschaftlicher und lebensanschaulicher Mauern und Barrieren, jener Hinderungsmechanismen, die den Menschen seit jeher davon abhalten, zum Menschen zu erwachsen. Daß diese Forderung zunächst utopisch erscheint, heißt nicht notwendig, daß sie es *bleiben* muß. Und daß diese Vorstellung ein Idealbild ist, spricht nicht gegen den Idealismus, höchstens gegen »die Zeit«. Wie die einzelnen Punkte einer Umgestaltung realiter aussehen sollten, wird hier nicht formuliert werden. Denn dieses Buch kann und will kein verbindliches Rezept für ein glückliches Leben und Sterben verabreichen. Hier ging es zunächst nur darum zu fragen, *wie* wir dem »Alter« und dem Tod gegenüberstehen und *warum* wir uns so verhalten. Deshalb wurden Defekte unserer Einstellung und unser Fehlverhalten analysiert und darüber hinaus nach Ansätzen für eine Neuorientierung gesucht, die ein humanes Miteinander zum Ziel haben.

Ein neues, anderes Verständnis des Todes ist in diesem Zusammenhang von grundlegender Bedeutung. Der »Tod« darf nicht als Ende oder Gegenpol, nicht als Widersacher des Lebens betrachtet werden. Vielmehr muß er – und damit die Vergänglichkeit – in der großen Spanne von Leben (und) Tod, von Endlichkeit (und) Unendlichkeit schon vorweggenommen werden. Der Mensch lebt seinen *eigenen* Tod. Dieser individuelle, persönliche Tod beinhaltet einen großangelegten Angriff gegen die naturwissenschaftlich rationale Aufhebung der einzelnen, einzigartigen und unverwechselbaren menschlichen Existenz. Er tritt als entschiedener Gegner des »verplanten«, industriellen Massenproduktionstodes auf, da der Mensch, dessen eigentliches Todes-(Lebens)ziel der eigene Tod sein sollte, sich selbst der Möglichkeit, »frei« zu sterben, beraubt.

Gerade in der Ausgrenzung des Todes und des Alters aus dem Leben zeigt sich die Unfähigkeit, Tod und Leben als Einheit zu erfassen. Für das eigene Leben, für den eigenen Tod bleibt daher kein »Raum«, um sich wirkend entfalten zu können. Leben wie Tod bleiben in ihren Möglichkeiten beschnitten. Einen eigenen Tod kann aber nur der leben, der früh über sein Leben bestimmt. Dieses bedeutet ein selbstverwirklichtes Dasein, das auf ein *Du* ausgerichtet ist, ein Leben, weg von »man« und von einer Menschheit, die ihre eigene Geburt verdrängt. Das individuelle, eigene Leben in freier Selbstbestimmung bedingt die Notwendigkeit eines eigenen Todes. Das bedeutet, daß in der Vorbereitung auf den einzigartigen Tod die Einzigartigkeit des Lebens mit erfaßt ist. Selbst wenn das eigene Leben verstanden und in seiner ganzen Fülle vollzogen wird, verweist die immanente Präsenz des Todes im Leben darauf, daß Leben (und) Tod keinen Widerspruch bilden, sondern aufeinander bezogen ein Stück Welt und Welt im Gesamt zu gleicher Zeit sind.

Es wird der eigene Tod dem Menschen vor allem durch den Tod eines anderen vor Augen geführt. Indem ein anderer stirbt, wird sich der Mensch seines gegenwärtigen Lebens und künftigen Todes bewußt. Der Tod des anderen ist zugleich mein Tod, im selben Moment aber auch mein Leben. Es mag der Eindruck entstehen, der eigene Tod sei etwas Elitäres, wodurch sich der einzelne von der Masse abheben möchte. Der eigene Tod jedoch ist ein Postulat, das alle angeht, allein schon deshalb, weil »Tod an sich« wie »Leben an sich« das verbindende Erlebnis und das gemeinsame Schicksal aller Menschen darstellt.

Als notwendiger Bestandteil des Lebens ist der Tod als Ausdruck des *einen* Seins in der Einheit von Leben (und) Tod anzuerkennen. Ein Ausdruck, in dem das Sein sich selbst entäußert, wie der Tote sich im Tod selbst offenbart. In diesem Sinn bedeutet der Tod ein letztes Zu-sich-Kommen. Wer nicht mehr zwischen Leben (und) Tod trennt, wird sich auch nicht mehr über sein eigenes Leben hinwegtäuschen. Der Tod nimmt nicht – und das Leben gibt, indem es sich gerade im Tode selbst entblößt. In der Einheit leben »beide« über die Endlichkeit hinaus. Tod bedeutet nicht Ende, sondern Ursprung. Er ist nicht das Erlöschen des Lebens, nicht das end-gültige Absterben des Körpers. Er ist der Weg in die Freiheit.

»Alles Vergängliche ist *nur* ein Gleichnis.« Der Mensch nicht *mehr* als ein Gleichnis? Ja, der Mensch als Gleichnis. Als Gleichnis wofür? Für das Leben in einer Welt zum Tode. Für den Tod in einer Welt zum Leben.

Zweiter Teil

Die jungen Achtzigjährigen

GRANNY GET YOUR GUN!

Von der Möglichkeit, das Tabu zu brechen

Die allgemeine Lebenserwartung des Menschen steigt, doch das vergötterte Idol unserer Zeit bleibt die Jugend. Für das »Alter« ist kein Platz, willfährig verdrängt die Jugend den entscheidenden Teil ihrer Zukunft und ihrer Chancen. Wir plädierten daher für eine Abkehr vom Jugendkult und für eine Neuorientierung mit Blick auf das »Alter«. Wir analysierten unser Verhalten im Umgang mit dem Problem und unsere tiefsitzenden Ängste vor der vermeintlichen Sackgasse ohne Zukunft. Schließlich suchten wir mit der paradoxen Fehleinschätzung des »Alters« Schluß zu machen, um die Basis für ein humanes Miteinander, für ein *Leben ohne Grenzen* zu bereiten, das alle Altersgruppen ohne Vorurteile einschließt zum gegenseitigen, unbeabsichtigten Nutzen.

An diesem Punkt angelangt, wird nun von 80jährigen die Rede sein, die als Bürgen und Garanten für die Forderungen und Gedanken dieses Buches stehen. Acht Personen werden davon zeugen, wie sie *heute* leben und arbeiten und wie sie damit die eigentlichen Probleme des »Alters« zunichte machen. Der Autor ist sich bewußt, daß seine Beispiele nicht der »Norm« entsprechen. Er weiß, daß Alter *noch nicht generell* so gelebt werden kann, wie es die Zeugen hier vorstellen. Doch auch ohne extremes Verhalten an den Tag zu legen, kann jeder im Rahmen seiner eigenen Möglichkeiten als Grenzsprenger wirken. Wichtig ist allein die innere Bereitschaft, die von Menschen erdachte Unmenschlichkeit brechen, aufheben und für ungültig erklären zu wollen.

Während sich die Geriatrie um die Pathologie des Alters und die Gerontologie um den Prozeß des Alterns kümmern, sprengen die Menschen in diesem zweiten Teil des Buches selbst geriatrisch-gerontologische Grenzen, sind als Entfesselungskünstler jeder für sich wilder, radikaler, kompromißloser, kühner und anarchischer – mit einem Wort »jünger« – als vieles, was unter dem Etikett »Jugend« verkauft und verherrlicht wird. Sie erkennen daher den Willen der Einzelpersönlichkeit an und suchen aber weiterhin bei hellichtem Tag mit angezündeter Lampe *Menschen.* Ihre freiheitliche Gesinnung, ihre Toleranz und Humanität geben Kunde von einer liberalen und in ihren Ideen rebellischen Haltung.

Die Selbstverständlichkeit in ihrem Handeln, die geballte Lebenskraft ihrer Gedanken und Werke aber lassen darauf schließen, daß letztlich nur zwei gangbare Möglichkeiten nicht allein dem »Alter«, sondern dem Leben insgesamt Erfüllung bereiten können: der Einsatz für hohe, ideale Ziele oder die Umwandlung dieser Ziele in künstlerischen Ausdruck. Die »wilden 80jährigen« bieten daher eine Orientierung in der maroden Zeit der Richtungslosigkeit, deren dunkle Machenschaften, deren anonymer Druck und sterile Entselbstung uns immer mehr bedrohen, auch und gerade in der Verteufelung, Mißachtung und Unterdrückung des »Alters«.

Die folgenden Porträts sind demzufolge von dem Wunsch getragen, das ideelle Streben der Befürworter eines Lebens ohne Grenzen vor Augen zu führen. Dem Leser dieses Buches soll veranschaulicht werden, wie und mit welchen Mitteln ein erfülltes und befriedigendes, gleichzeitig aber auch effizientes und leidenschaftliches Leben im »Alter« zu erreichen ist. Die »Wildheit« der Personen besteht also nicht unbedingt in tobender Raserei, körperlichen Alterswundern und ungestümer Kraftmeierei, im Steppen, Singen und Bergsteigen, wie es prominente »Alte« vormachen, sie steckt vielmehr in einem ungezähmten Verwirklichungsdrang, der sich in einer elektrisierenden und *enthemmten* Lebensbejahung, in einem mitreißenden und begeisterten Willen zu Aktivität, zur Schaffenskraft im »Alter« hauptsächlich auf *geistigem* Gebiet auswirkt. Die Bürgen haben deshalb vor allem von einer *inneren Wildheit* zu berichten, die äußerlichen Werten überlegen ist.

Die »jungen« Alten, die jetzt vorgestellt werden, stehen mir näher als die meisten Zeitgenossen meiner eigenen Generation; ich fühle mich ihnen enger verbunden als jenen, die ihr Leben schon mit 20 Jahren, auf Karriere-Einbahnstraßen vorwärtsgetrieben, an den Meistbietenden verkaufen wollen und die allen kritischen Bewußtseins verlustig gegangen sind. Diese »mündigen« Bürger sind schon heute zu alt, um jung zu sein, während die »wilden« 80jährigen zu jung sind, um alt zu werden. Nicht jeder von ihnen lebt übrigens in gesicherten finanziellen Verhältnissen. Dieser Hinweis ist nötig, um nicht den Anschein zu erwecken, es handele sich bei den dargestellten Personen um »Elite-Alte« oder »Jubel-Greise«. Es verhält sich vielmehr so, daß die wenigsten von ihnen ein wirklich sorgenfreies Leben führen können, und in den wenigen Fällen, in denen es geschieht, haben sie es einzig ihrer Kunst des Überlebens zuzuschreiben. Schlechte Zeiten sind ihnen allemal vertraut, was sie jedoch nicht dazu veranlaßte, ihr geistiges Potential und ihre Willensstärke für ein Stück Zufriedenheit im Altersheim einzutauschen.

Otto Mainzer
Der entfesselte Prometheus

Otto Mainzer, geboren am 26. November 1903 in Frankfurt am Main, Rechtsphilosoph, Schriftsteller und Dichter. Aus juristischen Gründen verheiratet mit seiner Lebensgefährtin, der Musikschaffenden Ilse Gerda Wunsch. Lebt in New York. Veröffentlichungen: Die sexuelle Zwangswirtschaft (1981 u. 1986), Der zärtliche Vorstoß (1939 u. 1986), Prometheus (1989).

Als der Schriftsteller Peter Grund 1939 in der Pariser Emigration von der »American Guild for German Cultural Freedom« die offizielle Benachrichtigung erhielt, daß sein Manuskript »Prometheus. Das Werk ohne Ende« von den Preisrichtern – unter ihnen Thomas Mann und Lion Feuchtwanger – den Verlegern zur Veröffentlichung empfohlen wurde, hätte eine glanzvolle literarische Karriere ihren Anfang nehmen können. Da das Preisgericht jedoch zu Reklamezwecken mißbraucht worden war und Verlagsagenten ein schnödes Spiel trieben, wurde die Publikation vereitelt; da zudem Peter Grund, obwohl asylberechtigt, bis 1941 in französischen Konzentrationslagern interniert wurde, begann nicht die erhoffte künstlerische Laufbahn. Otto Mainzer, der sich hinter diesem Pseudonym verbarg, führt bis heute einen Kampf um literarische Anerkennung.

Es ist mir kein unbequemerer Zeitgenosse als dieser Otto Mainzer bekannt – aber auch kein so faszinierender; keiner, der allen Widerständen zum Trotz so unerbittlich und ausdauernd auf der Veröffentlichung seiner Ideen besteht. Für zwei Ziele kämpft der streitbare Otto Mainzer: einmal, endlich seine Gedanken, seine Werke veröffentlicht zu sehen, zum anderen, durch eben diese Werke zur Schaffung einer besseren Gesellschaftsordnung, eines befreiten Individuums beizutragen. Sein Idealismus und sein Durchhaltevermögen hatten, wenn auch spät, Erfolg: Otto Mainzer war zum Zeitpunkt der Erstveröffentlichung seiner radikalen Treibjagd durch den Urwald der Zivilisation, seines erotischen Manifests »Die sexuelle Zwangswirtschaft« 78 Jahre alt; und 85, als nach 50 Jahren langer Fesselung sein »Prometheus« endlich in gedruckter Form vorlag.

Beide Werke, die nunmehr ohne Pseudonym erschienen sind, behandeln auf unterschiedliche Weise die kulturellen Folgen der institutionell-zwangsläufigen Verknüpfung sexueller Bedürfnisse mit wirtschaftlichen Interessen, von denen Ehe und Versorgungsanspruch nur Erscheinungsformen sind. »Sexuelle Zwangswirtschaft« bedeutet die zwangsweise Verknüpfung erotischer Bedürfnisse mit ökonomischen Zielen, wobei beide Wünsche nicht zufriedengestellt werden können. Denn die Aufrichtigkeit und Zärtlichkeit des Menschen werden vom Eros geprägt; hinterhältig und grausam ist nur die wirtschaftliche Ausbeutung. Die vermeintliche sexuelle Revolution hat nie stattgefunden. »Unter der Oberfläche scheinfortschrittlichen Meinungswirrwarrs bestehen die alten Nöte des Geschlechts für die überwiegende Mehrheit, zumal der Jugendlichen, fort.«

Wären Otto Mainzers Erkenntnisse zur Zeit ihrer Entstehung in den Jahren 1935–1939 veröffentlicht worden, hätte eine Revolution stattgefunden, die nicht mit den Auswirkungen Oswald Kolles in den sechziger Jahren vergleichbar wäre. Denn Otto Mainzer ist kein »früher« Kolle. Kolle bleibt mit seinen Aufklärungsversuchen an der Oberfläche. Mainzer dagegen geht mit seinen Aufklärungen der Sache auf den Grund. Er ist ein Denker, »der durch keinen Widerstand der Realität aus dem Gleis zu bringen ist, ein geistig Mutiger, der für geistig Mutige schreibt«, wie die ZEIT über ihn berichtet. Otto Mainzer ist ein Mann, der unerschrocken auch heute seinen Mitmenschen immer wieder den ungeliebten Spiegel der Wahrheit vorhält. Deshalb wurde er zum Schweigen verdammt. Und deshalb wird er auch weiterhin abgelehnt werden, denn seine Forderungen erscheinen den feigen und heuchlerisch angepaßten Wirtschaftswunderkindern zu radikal. Ein apokrypher Autor. Verboten. Vergessen. Totgeschwiegen.

Dennoch ist Otto Mainzer, der unermüdlich gegen verleumderische Darstellungen und Besprechungen seines Werkes kämpft, kein Weltverbesserer im gewöhnlichen Sinn. Er träumt von einer »ganz neuen Menschenwelt«, die unserem Vorstellungshorizont so fern liegt, daß sie nicht einmal voll erdacht werden kann. Es kommt ihm auch nicht darauf an, die Ehe besser oder vergnüglicher zu gestalten, und es interessiert ihn nicht, ob die Menschen mehr oder weniger *plaisir* aus ihrem Geschlechtsleben herausholen. Sein Anliegen ist, die Menschen zu befähigen, sich sexuell so zu entwickeln, wie sie von Natur aus angelegt sind, und dadurch die bestmöglichen erotischen Ergänzungen zu finden. Nur so gelingt es, ein gut Teil der Zwänge, der Beschränkungen oder Vorstellungen, die uns von Kindheit an mitgegeben sind, abzuwerfen. Otto Mainzer hat sich selbst von allen geistigen Fesseln befreit, wie jedes gesunde Tier aus seinem Käfig zu entkommen versucht. Andere Käfige – nämlich Altersheime – sind für ihn indiskutabel. Er kann sich nur vorstellen, bis zum letzten Augenblick seines Lebens für die sexuelle Befreiung des Menschen zu kämpfen und dann »mit seinen Marschstiefeln« zu sterben.

Otto Mainzer fühlt sich nicht »alt«. »Altern« ist für ihn die Schwächung des Körpers und seiner Funktionen, die allmähliche Abnahme der physischen Kräfte.

Den Sinn seines Lebens sieht er darin, seine ureigensten Gedanken festzuhalten und kommenden Generationen zugänglich zu machen, damit seine Idee einer menschlicheren Menschheit eine Chance der Verwirklichung haben kann. »Auf die höchsten Sterne will ich zielen – Mein unvollendetes Leben« heißt programmatisch der Titel der vierbändigen Autobiographie, an der Otto Mainzer gegenwärtig arbeitet. Auch dieses Werk wird ein einziger Protest gegen die unmenschliche Entstellung von Gerechtigkeit, Eros und Sexus sein, die diese Welt zur »besten aller möglichen Welten« gemacht hat. Mainzers sexuelle Revolution ist eine Revolution der Liebe: »Ein freier Geschlechtsakt«, sagt er, »in vollendeter Schönheit zwischen Menschen, die untereinander in Freundschaft zugetan sind, ist eine der seltensten Gaben des Lebens. Glücklich wäre der Mensch, der vermöchte, seine ganze Geschlechtskraft nur in solchen Akten auszuleben. Jeder Akt wäre für ihn ein Akt der Liebe.«

Von der Liebe und ihren Möglichkeiten handelt auch der von Otto Mainzer herausgebrachte Gedichtband »Der zärtliche Vorstoß«, welcher 1986 wieder aufgelegt wurde.

Hans Wollschläger wandte sich an den Verfasser: »Ihre Gedichte haben mich sehr angerührt, und ich empfinde sie als bedeutendes Zeugnis der Liebes-Poesie. Was 1939 ihre stoffliche Kühnheit war, ist zwar von der Zeitentwicklung eingeholt worden, in der zarten Geradheit ihres Sprechens aber, wie auch in ihrer geschmacklichen Sicherheit und Eleganz, stehen sie immer noch einzig da: als Stimme eines Menschen, der in der Zeitgenossenschaft immer seltener geworden ist.« Wollschläger hat nur in einem Punkt unrecht: Otto Mainzer ist der Zeit immer noch voraus. Vielleicht läßt sich damit das Phänomen und das Faszinosum dieses »Partisanen der Liebe« erklären.

»Kein Ohr, sein Wort zu fassen«, heißt es im eingangs erwähnten »Prometheus«, »kein Auge, sein Gesicht wahrzunehmen, unerkannt im Tode wie im Leben, muß Prometheus seinen Weg vollenden.« Beinahe hätte Otto Mainzer das Prometheus-Schicksal am eigenen Leibe erlebt. Doch der Geier des Zeus, der demjenigen, der den Menschen das Feuer der Erkenntnis zu bringen wünschte, die Leber zerhacken wollte, kam im Falle von Otto Mainzer zu spät. Um ein Haar nur hätten die Mächtigen das Licht eines der aufrichtigsten und tapfersten Menschen zum Erlöschen gebracht. Prometheus vollendete in der Verbannung den Menschen, Otto Mainzer aber vollendete in der Verbannung den Prometheus. Wird die prometheische Idee dennoch ein »Werk ohne Ende« bleiben?

Raimondo Principe della Torre e Tasso
»Teil des Ganzen, yes«

Raimondo Principe della Torre e Tasso, geboren am 16. März 1907 in Schloß Duino bei Triest, gestorben am 17. März 1986 ebendort. Bis 1965 verheiratet mit Eugenie Prinzessin von Griechenland. 1952 Geburt des Sohnes Carlo Alessandro.

In unmittelbarer Nähe von Aquileia liegt das Schloß Duino, dessen Name durch die Elegien Rainer Maria Rilkes in alle Welt getragen wurde, in der geheimnisvollen, mit unterirdischen Quellen, Kratern aufwartenden Landschaft des Triestiner Karstes. Wer heute in die Gegend von Aquileia, Monfalcone oder Duino kommt, wird unweigerlich mit dem nicht aufzuhaltenden Wandel der Weltgeschichte konfrontiert: Mitras-Grotten und Türmen aus der Zeit Diokletians stehen moderne Hafenanlagen, Schnellstraßen und Motels gegenüber; die Romantik von Rosenkreuzer-Ruinen und Schlössern wie Miramare wird von Eisenbahngleisen und vierspurigen Autobahnen entstellt. Aus der ehemaligen Besitzung der österreichischen Monarchie wurde ein Dreiländereck. Nicht weit von Schloß Duino befindet sich ein Krater, der in vorchristlicher Zeit möglicherweise als ein von der Natur vorgegebenes Amphitheater benutzt wurde.

»Dieser einmalige Ort ist wie geschaffen für experimentelles Theater«, dachte sich der 73jährige Schloßherr von Duino, Raimondo della Torre e Tasso, und veranstaltete gemeinsam mit dem Komponisten Walter Haupt und dem Aktionisten Fritz Schranz die »Duineser Theaterversuche«, eine Woche existentieller szenischer und musikalischer Umsetzungsprozesse inmitten der Landschaft. Sowohl die Konzeption des Theaters wie auch die der Musik eröffnete den Teilnehmern dieses hypermodernen Happenings gänzlich unbekannte Seh- und Hörerlebnisse. In phosphoreszierender Kleidung und unter Masken verborgen bewegten sich die Schauspieler und Tänzer, die zugleich Publikum waren, zu meditativer Tonbandmusik, mit welcher der Fürst den Krater hatte beschallen lassen. Aufgestellte Spiegel erzeugten ein Inferno gebündelten Sonnenlichts, während sich die Akteure in dem 120 mal 150 m große Krater »vom Sein erfassen ließen« und selbst nichts anderes waren als eine »Erfassung des Seins«. Die Bevölkerung von Duino – allen voran der kommunistische Bürgermeister – betrachtete das Spektakel eher mißtrauisch und skeptisch, doch Principe Raimondo war von seinem unkonventionellen Wagnis begeistert.

Obwohl von europäischer Hocharistokratie geprägt und mit den alten Königshäusern auf vielfache Weise verwandt, legte der Fürst nie Standesdünkel an den Tag und strebte ohne Vorurteile und Machtansprüche gerade im »Alter« danach, Menschen aus allen Teilen der Welt miteinander ins Gespräch kommen zu lassen. In seiner extremen »Alters«tatkraft verstand er es, immer wieder Wissenschaftler, Sportler und Künstler auf seinem Schloß zu versammeln, denn nur Wissenschaft, Sport und Kunst, so erklärte er einmal, brächten die Menschen einander näher, die Politik bewirke das Gegenteil. Er förderte mit Blick auf einen weltweiten Frieden das Zentrum für Theoretische Physik in Miramare, das Kollegium einer Vereinten Welt und war Gastgeber von Kongressen, Tagungen und Symposien; er gründete eine Blutbank in Triest und in der Nähe von Duino ein Dorf für Vertriebene aus Jugoslawien. Im Schloßhof organisierte er Konzerte für die Blinden der Stadt Triest. Duino, das zwischen den Grenzen von Sprachen und Ideologien liegt, wurde durch den Einsatz des Fürsten in seinem letzten Lebensjahrzehnt mehr denn je zu einem internationalen Treffpunkt, zu einem Symbol der Völkerverständigung. In dem märchenhaften Garten der Foresteria von Duino entstand daher unter seiner Schirmherrschaft das United World College of the Adriatic. In diesem College, dessen Mutterschule in Wales liegt, sollen Jugendliche aus aller Welt, aller Rassen und Religionen zwei Jahre lang in europäischer Bildung, in humanistischem Gedankengut unterrichtet werden, um dann in ihren Heimatländern einen Beitrag für die internationale Verständigung zu leisten.

Fürst Raimondo, der sich ganz dem *Menschen* verschrieben hatte, verstand sich als zurückhaltender und bescheidener Herr – trotz aller Aktivität – weniger als Mäzen denn als ein Sucher nach Wahrheit. Diese Suche, die ihn »an den Anfang des Regenbogens« führen sollte, war noch nicht beendet, als er in der ersten Nacht seines achtzigsten Lebensjahrs starb. Aber er hatte die Wahrheit schon vorher gefunden, in der Einheit von Mensch und Natur, wie er sie in den »Duineser Theaterversuchen« verwirklicht sah. Kurz bevor er tödlich erkrankte, sandte er mir aus Teneriffa ein Gedicht:

Yes under the rainbow
do the mighty Tulipero's blossoms glitter
do the birds joyfully sing
between Hibiscus and white Angel Trumpets
does the butterflie's ballet,
amidst Canary Bellflowers
and Strelitz's birds of Paradise
indeed make us blissfully
Teil des Ganzen, Yes.

Teneriffa, March 84

Im Lebenszentrum des Fürsten von Duino stand immer der Dienst am Menschen. Dieser Dienst war es auch, der seine Alters-Einsamkeit zu lindern vermochte und es ihm ermöglichte, nicht als Repräsentant einer vergangenen Epoche angesehen zu werden, sondern als Mensch unter Gleichgesinnten und Gleichberechtigten, unabhängig von Alter und Herkunft.

Als Raimondo della Torre e Tasso kurz vor dem Osterfest neben der kleinen Dorfkirche von Duino im Gewand eines Malteserritters beigesetzt wurde, hatte nicht nur die

Bevölkerung von Duino »ihren« Fürsten verloren; auch den Menschen, die gegen Krieg und Terrorismus arbeiten, war ein lebendes Symbol des Friedens verlorengegangen. Es war Teil des Ganzen geworden. Ja.

Nachbemerkung: Die Gärten von Duino sind nun der Öffentlichkeit zugänglich gemacht worden. Zwar wird der Besucher früh morgens nicht mehr den Principe antreffen können, wie er sich mit seinem Obergärtner um die Erhaltung und Verschönerung der Anlagen kümmert, doch irgendwie wird er bei seinem Gang zum Steineichenhain, zum Sasso di Dante oder zur Dama Bianca eine geheimnisvolle Anwesenheit verspüren, deren Kraft ihn ahnen läßt, daß an diesem magischen Ort Wirklichkeit und Imagination miteinander verschmelzen. Der Teil des Ganzen ist zum Ganzen selbst geworden.

Lea L'Orange
Der Huf der Nofretete

Lea L'Orange, geboren in Deutz, keine Berufs- und Altersangabe, lebt in München. Verwitwet; eine Tochter.

Als einzige der hier aufgeführten Bürgen für ein zielbewußtes Dasein im »Alter« hat Lea L'Orange Angst vor dem Tod. Nicht aber aus physischen oder metaphysischen Gründen, sondern weil ihr, die zum Sehen geboren ist, die Zeit verrinnt, in der ihr Lebenswerk zum Abschluß gebracht werden könnte. Über sich selbst spricht sie nicht gerne, auch nicht über ihr Leben, ihre Vergangenheit, ihr Alter und das »Alter«. Lea L'Orange weigert sich, Antwort auf diesbezügliche Fragen zu geben. Sie glaubt Wichtigeres zu tun zu haben.

Leidenschaftlich und rastlos beschäftigt sie sich mit der Entschlüsselung von unbewußten Motiven in der bildenden Kunst. Längst bevor die Semiotik, die Lehre der Zeichen, als Wissenschaft anerkannt wurde, war die passionierte »Motivforscherin« auf unzählige Symbole als Gebrauchs- und Schönheitsformen gestoßen. Die Entdeckung der *unbewußten Wiederholung* dieser Sinnbilder als Vorlagen für fast alle Formen nimmt ihr Interesse so stark gefangen, daß sie sich mithilfe dieser Faszination ihre Jugendlichkeit erhält. »Unser Formenschatz«, sagt Lea L'Orange, »stammt von den Kultidolen, die sich ständig im Unbewußten wiederholen. Sie entstanden zum Teil schon während der Eiszeit, haben im Laufe der Jahrtausende mehrmals ihren Stil geändert, aber ihr Motivsinn ist der gleiche geblieben.«

Lea L'Orange will nichts anderes, als von der unbewußten Auswirkung der Symbole als Formen in der Malerei, der gestaltenden Kunst, der Graphik und bei alltäglichen Gebrauchsgegenständen erzählen. Dieser Suche nach Ur-Motiven gilt ihre ganze Aufmerksamkeit. Wie eine »Wilde« kämpft sie trotz ihres »Alters« unbeirrbar für die Publikation ihres täglich wachsenden Materials. Da die Forscherin bei Gesprächen ohne Umschweife stets auf ihr Thema kommt, bestärkt sie den Eindruck, daß sie über ein schöpferisches Potential verfügt, das »normale« Sehgewohnheiten möglicherweise bei weitem übertrifft. So sind ihre Entdeckungen einerseits amüsant, andererseits geradezu aufsehenerregend.

In einer Zeit, da vielen Mitmenschen die Fähigkeit, genau zu sehen und verweilend zu betrachten, abhanden gekommen ist, leistet diese Frau wirklich Außergewöhnliches. Deshalb soll an dieser Stelle eine kurze Darstellung und Beschreibung ihrer Erkenntnisse gegeben werden.

Der Symbolsinn, der sich die Zeiten hindurch in den Kunstformen wiederfindet, darf nicht mit den Symbolen selbst verwechselt werden. Es geht statt dessen um die *unabsichtlich* stattfindende Ableitung der Ur-Motive in Schönheits- und Gebrauchsformen, die unser gesamtes Gestaltungsempfinden bestimmen. Bislang wurden von Kunsthistorikern nur fünf Prozent aller Formen, die es nach Ansicht von Lea L'Orange wirklich gibt, entschlüsselt. Am bekanntesten davon ist der Entenkopf, der zugleich eine zugreifende Hand versinnbildlicht und Wissenschaftlern durch seine wiederholte Darstellung auf griechischen und etruskischen Vasen aufgefallen war. »Dieselbe Art doppelsinniger Figuren«, erklärt Lea L'Orange, »die im genannten Fall ein Relikt des Vogelkultes ist, verblieb uns von allen Kulten, der Häufigkeit nach vom Vogelkult, vom Stiefelkult als Neuauflage des älteren Beinkultes, vom Phalluskult und vom Vierbeinerkult unter Betonung des Huftierreigens.« Daß Künstler und Konstrukteure zu allen Zeiten unbewußt solche Formen gebrauchen, ist ein Indiz für das Langzeitgedächtnis. Diese Formen geben Aufschluß über die Entstehung unseres Sinnenlebens. Keine Form kann frei erfunden werden, weil der Formenschatz des Menschen auf den Kultidolen aufbaut und daher begrenzt ist.

Welches Vergnügen es bereitet, sich nach ihrer Art Bildwerken und Gebrauchsgegenständen zu nähern und dabei auf unbewußte Idol-Leistungen zu stoßen, kann nur der ermessen, der es selbst einmal versucht hat. Stellvertretend für unzählige andere Bilder werden hier nur zwei Beispiele bildlich aufgegriffen.

In der folgenden Christusdarstellung ist das Kind in Form einer königlichen Reitergamasche der romanischen Zeit gewickelt. Das ganze Bild ist wie ein Legespiel aus Kultmotiven zusammengesetzt. Am Saum des Mariencapes ist die Schlangenlinie sichtbar, die als Erinnerung an die Schlangenkulte in Ägypten und Kreta bei fast allen weiblichen Portraits auftaucht. Unter dem Saum verbirgt sich die Synthese von Muschel und Phallus, die als Schönheitsfigur bis zur Gotik typisch ist. Unter dem Ärmel des

Spanische Ikone, um 1200

Joseph entstand das Profil einer der kompliziertesten Kultfiguren, die aus der Eiszeit stammt: der gedoppelte Vogel, der heute bewußt als Wappenvogel fungiert. Er hat zwei Köpfe und nur einen Körper.

Auf der nächsten Darstellung ist zwischen den Beinen des Prinzen eindeutig ein Fuß zu erkennen. Diese Zwischenraumfigur ist die unbewußte Wiederholung des ägyptischen Hieroglyphenfußes.

»Je bedeutender ein Künstler ist«, erläutert Frau L'Orange, »desto klarer sind seine unbewußten Formen. Auf Michelangelos Fresco in der Sixtina trägt z. B. der Gott Jehova einen riesigen Schal. Dieser Schal ist aber als Silhouette eine Vogelfigur, die zugleich jung und alt ist. Ein riesiges Küken, blauviolett, greisenhaft, aber eben doch ein Küken. Es war schon bei den Ägyptern ein oft verwendetes Idol. Alle Kultfiguren wurden etwa um 3000 v. Chr. in Afrika und um das Mittelmeer herum zu Bilderschriftzeichen. Die dabei entstehende Vereinfachung ist keine Leistung des Unterbewußtseins, sondern des Verstandes. Die Kultfiguren wurden als Symbole zusammengenommen und in ganze Begriffe gefaßt; es entstand eine Sammlung, mit der man immer schreiben konnte.«

Als besonders deutliches Beispiel für das, was Lea L'Orange bei ihren Bildbetrachtungen erkannt hat, seien Albrecht Dürers »Betende Hände« erwähnt. Sie stellen in Wirklichkeit die Hände des betenden Kaisers Maximilian dar, der bei Dürer ein Stifterbild in Auftrag gegeben hatte, das den Kaiser kniend und betend darstellen sollte. Da Hände für Künstler immer ein schwieriges Thema sind, zeichnete Dürer sie auch separat als Skizze. Um den betenden Maximilian aber als *Kaiser* darzustellen, konnte er ihm keine Krone auf den Kopf setzen, da sich die weltliche Macht der über-irdischen gegenüber stets demütig zeigen mußte. Unbewußt gelangte durch Dürers Stift an das Ende des umgekrempelten linken Ärmels ein Fürstenhut, der als Königszeichen älter ist als die Krone. »Jede Hutform«, erläutert Lea L'Orange, »ist ein umgesetztes Kultsymbol. Der Pferdehuf etwa war die Vorlage zum elegantesten Hut, den die Welt hervorgebracht hat. Der Modist der Königin Nofretete kreierte gerade dann einen Hufturban, als das Pferd in Ägypten der ›dernier cri‹ war. Somit trat die Trägerin des Huf-Hutes noch majestätischer in Erscheinung.«

Lea L'Orange, die in ihrer Wohnung mehrere tausend Belege für ihre Entdeckungen aufbewahrt, die nicht Symbole sammelt, sondern nur die vom Künstler selbst unbeabsichtigte Auswirkung und Wiederholung uralter Vorla-

Prinz Achmed, Scherenschnitt von Lotte Reiniger

gen aufdeckt und darstellt, betont die Notwendigkeit, ihre Funde zu veröffentlichen. Damit sie nicht posthum zu Ehren gelangt, muß es bald geschehen.

Robert Jagitsch
Die Chemie des Malens

Robert Jagitsch, geboren am 1. Februar 1910 in Wien, Chemiker (Schüler von Otto Hahn, Hermann Mark und Lise Meitner) und Maler. Verheiratet, drei Kinder, fünf Enkel, lebt in Göteborg. Wissenschaftliche Veröffentlichungen, Ausstellungen.

Wer Robert Jagitsch begegnet, muß unwillkürlich an den Zarathustrasatz »Ich könnte nur an einen Gott glauben, der zu tanzen verstünde« denken. Doch weder tänzerische Leistung noch indo-iranische Weisheit sind ausschlaggebend für die Tatsache, daß Robert Jagitsch sich nur tanzend durch das Leben bewegen *kann*. Wenn er sich ohne Stütze aufrecht halten will, muß er dauernd seinen eigenen Schwerpunkt umkreisen. Schuld daran ist ein neuropathiebedingter Muskelschwund am linken Bein, der von einer zwanzig Jahre langen, berufsbedingten Bleivergiftung herrührt.

Trotz dieser Behinderung ist Robert Jagitsch ständig unterwegs. China, Japan, Ägypten, Australien und Südamerika bis hinauf in die Anden von Peru, Mexiko und den nahe gelegenen Grand Canyon hat er im »Alter« bereist. Während der Fertigstellung dieses Buches hält er sich in Thailand auf. Die Reiselust hält Robert Jagitsch mobil.

Innerlich jung hält ihn aber die Malerei. Er, der ursprünglich Schriftsteller hatte werden wollen, erkannte kurz vor seinem siebzigsten Lebensjahr, daß auch durch Bilder ausgedrückt werden kann, was er eigentlich durch Worte zu sagen beabsichtigte. So begann Robert Jagitsch zu malen.

Inspiriert von fernöstlicher Lyrik und der Gedankenwelt des Zen entstand eine Reihe großformatiger Ölgemälde, bis die »Karriere« des Robert Jagitsch als Maler wirklich begann. Die erste offizielle Ausstellung in Göteborg kam 1980 zustande, eine weitere 1984, und auch im Berliner Rathaus Schöneberg waren seine inzwischen hochdotierten Werke zu bewundern. Das Besondere an seiner Kunst aber ist die *Entstehungsart* der Bilder.

Robert Jagitsch hat fünf Enkelkinder. Diese nutzt er, wie er sagt, »gemeinerweise« von ihrem zweiten Lebensjahr an aus. Ohne daß sie wissen, worum es wirklich geht, drückt er ihnen einen Pinsel in die Hand, stellt ihnen Farben hin und legt eine präparierte Leinwand auf den Tisch. Sofort machen sich die Kinder ohne jede Vorgabe ans Werk. Robert Jagitsch malt selbst mit. Damit die entstehenden Kompositionen farblich interessant werden, verwendet er z. B. Rot, wenn die Enkel grün malen; die Farben brechen sich, es entsteht eine »große Schmierage«. Ist diese vollendet, kann es der Großvater kaum erwarten, »nachzusehen«, was sich in diesem gemeinsam verursachten Chaos verbirgt. Er hängt die Leinwand auf, dreht sie um 90 oder um 180 Grad, so lange, bis er Figürliches findet, das er dann mit Ölfarbe herausholt und sichtbar macht. Im Gegensatz zu seinem früheren, etwas kalten Stil entstehen für Jagitsch auf diese Weise die interessantesten, vor allem aber abwechslungsreichsten Bilder, die »er« je gemalt hat.

Die Methode ist effektiv: Während die Enkelkinder das Grundbild produzieren, schöpft der Großvater seine Kunst aus dieser Vorlage. Verkauft Robert Jagitsch eines der Bilder, legt er das Geld in Platin- oder Goldbarren an, die er dann wiederum den Enkeln schenkt. So kommt der Maler zu künstlerischen Ehren, und die Enkel erhalten einen finanziellen Grundstock. Vor allem aber vollzieht sich auf diese Weise völlig problemlos die in diesem Buche geforderte Aufhebung der Grenzen zwischen »jung« und »alt«.

Die Malerei mit den Kindern ist für Robert Jagitsch der wesentliche Inhalt seines »späten« Lebens. Er will keineswegs wieder jung werden oder sein Leben noch einmal leben. Wiedergeburt ist ihm ein abscheulicher Gedanke. Er findet, daß das Alter die schönste Zeit, der schönste Lebensabschnitt ist, abgesehen von körperlichen Gebrechen. Aufgrund seines reichen und erfüllten Lebens hat er vor dem Tod keine Angst, kümmert ihn das Sterben nicht. Er hofft lediglich, daß dieses sich eines Tages mit milder Hand seiner annehmen wird. Trotz seiner »Jahre« hat er noch keine abgerundete Weltsicht. Wiewohl in der Chemie verankert und vom Zen-Buddhismus geprägt, erscheint ihm die Welt genauso rätselhaft wie einem Kind. »Wir können Elementarpartikel zwar Atom und Elektron nennen, aber wie die Welt wirklich ist, wissen wir nicht, können wir nicht wissen.«

Robert Jagitsch, der rät, daß man leben sollte, ohne an den Tod zu denken, daß man sich freuen und sich beschäftigen müsse, bis man müde wird, ist ein vollendeter Gentleman, der von Charme und Witz überströmt. Er erscheint milde, gütig und weise, aber auch rebellisch, ungestüm, ja frech. Seine Stimme ist stark und kräftig, die Augen blitzen hell. Sein vitales Auftreten kündet von Offenherzigkeit, die

»Vor dem Ball«, 1987

Ausstrahlung verrät nichts von seinem Gebrechen. Alles scheint ihm eine Selbstverständlichkeit zu sein: Tod, Leben, Geld, Liebe, Reisen. Robert Jagitsch ruht in sich selbst und handelt aus glücklicher Erdhaftigkeit heraus.

»Am Ende sinkt / in Nacht und Eiseskälte / Der Mond gelassen in den Abgrund fort«. Im Einklang mit diesem seinem Lieblings-Zen-Gedicht erwartet Robert Jagitsch seinen 80. Geburtstag und wird nicht erstaunt sein, sollte dieser Festtag mit einer Ausstellung seiner tiefen-psychologisch entfesselten Bilder gefeiert werden. Für den Neunzigsten sieht er schon eine Retrospektive seines gesamten künstlerischen Schaffens voraus.

»Entführung«, 1986

Marylka Bender
In wortloser Sprache

Marylka Bender, geboren im Februar 1909 in Bendzin (Polen), Graphikerin und Malerin. Verheiratet, lebt in Paris. Zahlreiche Einzelausstellungen.

Noch stärker als Robert Jagitsch ist Marylka Bender von der überlegenen Bewußtheit des Zen-Weltbildes geprägt. Das japanische Wort »Zen« leitet sich vom Sanskritbegriff »Zazen« (Sitzen in Versenkung) ab und heißt von seinem Ursprung her chinesisch »Ch'an«. Aus der meditativen Versenkung, der Tiefentspannung heraus entstehen für Marylka Bender Psychogramme, die sie spontan in wenigen Sekunden mit »tanzendem« Pinsel auf die Malfläche wirft. Bei ihren Bildern handelt es sich nicht, wie häufig angenommen wird, um Skizzen für eine spätere Ausarbeitung, sondern um »Würfe«, die jeweils die momentane Stimmung oder Laune der Entwerfenden ausdrücken.

Das gilt nicht nur für Marylka Benders Ch'an-Malereien, sondern mit Einschränkung auch für die Porträts, die sie *ohne* Modell anfertigt. Es genügt der Malerin, ihr »Modell« ein-, zweimal gesehen, mit ihm gesprochen und seine Bewegung, seinen Ausdruck wahrgenommen zu haben. Das »Blütenmädchen« entstand nach nur zweimali-

Ch'an-Bild, 1988

ger kurzer Begegnung mit der Portraitierten, gibt aber die inneren und äußeren Wesensmerkmale der Dargestellten en detail wieder.

Marylka Bender widmet sich einer Kunst, die heute in Vergessenheit geraten ist, und möchte sie zu neuem Leben erwecken. Vermutlich ist sie die einzige Künstlerin der Welt, die sich um die Wiederbelebung der Ch'an-Malerei bemüht. Vor zwanzig Jahren löste sie sich aus der konventionellen Enge der Gebrauchsgraphik. Sie fand zur freien Kunst zurück, zu den expressionistischen Portraits und der altchinesischen Spontan-Malerei.

In den Porträts erlebt sie ihr »Modell« nicht als Gegenüber, sondern versetzt sich in einem Akte der Identifikation in die Person, um diese später als »verwandeltes Selbstportrait aus sich herauszustellen«. In den Tuschezeichnungen, ihren vorbegrifflichen Stimmungsspiegelungen, schlägt sich innerhalb der zenhaften Schrankenlosigkeit zwischen Erleben und Bewegungsausdruck das Augenblicksbefinden ihrer Persönlichkeit unwiederholbar nieder, obwohl während des Malens nichts in der Künstlerin vorgeht. Die Verschmelzung mit dem jeweiligen Objekt kommt rein aus dem Gefühl, das ohne Umweg über den Kopf direkt in die Hand und den Pinsel weitervermittelt wird. Dies ist für sie die einzige Gelegenheit, sich als Künstlerin wirklich ganz exponieren und hingeben zu können. In einem Prozeß exzessiver Selbstfindung entdeckt die Malerin ihre Schichten des Unbewußten. Was während des schöpferischen Prozesses vor sich geht, stammt aus dem Dunkel des Vergessens und fällt in dieses zurück.

Deshalb fühlt sich Marylka Bender trotz ihres »Alters« auf einem Erfahrungsweg ohne Ende. Sie weiß auch, daß diese Arbeit ihr ein befreites Leben ermöglicht und ihr die

»Blütenmädchen«, 1988

eigene Persönlichkeit erst bewußt macht. Was sie heute lebt, scheint ihr ein »Dasein ohne Grenzen« zu sein, obwohl sie weiß, daß der Tod ein natürliches Ende setzt.

Mit Erstaunen stellt die Malerin fest, daß sie, auch wenn sie ein halbes Jahrhundert »jünger« wäre, nicht viel anders leben und nicht viel anderes er-leben könnte. Obwohl der Krieg in ihr Leben eine große Lücke geschlagen hat, erfüllt sie der Blick auf ihr heutiges Leben mit Zufriedenheit. Kreativität und Dynamik prägen den Tagesablauf der »jungen« Künstlerin, die erst allmählich mit ihren Werken an die Öffentlichkeit tritt. Ihr Einsatz hat nichts von Eitelkeit oder gesellschaftlichem Dünkel.

Die Vorstellung eines Lebens nach dem Tode hält Marylka Bender für naive Ichbezogenheit und begründet dies streng physikalisch. Die »Wiederaufbereitung« der Natur dürfte nach ihrer Ansicht so weiträumig sein, daß eine Neuformierung der Atome, in die ihr Körper nach dem Tod zerfallen wird, nichts mehr mit deren derzeitiger »Komposition« zu tun hat. Auch das Bild einer von Atomen unabhängigen Seele, die beim Ableben wie Rauch durch den Kamin entschwindet, ist für sie ein argloses Märchen. Selbst wenn es etwas in dieser Art gäbe, hätte dieser evaporierte Nebel nichts mehr mit ihrer Identität zu tun, so daß sie sich in keiner Form ein Weiterleben nach dem Tode vorzustellen vermag. Lächelnd sagt sie mir, daß sie weder sich selbst noch ihr Alter so schrecklich ernst nehmen könne, und deutet auf eine ihrer Zen-Malereien, die eine Katze darstellt. »Ich habe *keine* Katze«, meint sie, »und ich würde beim Malen auch die reale Anwesenheit eines Tieres nur als störend empfinden. Im Libidowurf bin ich die Katze selbst.« Und auf den Tod angesprochen, erklärt sie ebenso lächelnd: »Der Tod stellt für mich ein ganz normales Ende dar. Vorläufig aber arbeite und lebe ich so, als gäbe es ihn nicht. Es ist mir natürlich bewußt, daß er existiert und daß er mich treffen wird, aber mein Ich-Gefühl ist ohnehin nicht so entwickelt, daß ich mir nicht vorstellen könnte, die Welt würde ohne mich nicht weiterexistieren.«

Marylka Bender hat das Wesen des Zen erfaßt, das sich als Entwicklung eines Erlebnisstromes im Individuum umschreiben läßt. Dieser Strom gestattet es, sich einem vom begrifflichen Denken befreiten und vorstellungsentleerten Seinserlebnis hinzugeben. Deshalb liegt die Sprache der Malerin jenseits der Sprache, deshalb arbeitet sie hauptsächlich in der schnellen Technik der Tuschemalerei des Ch'an. Um das Entstehen ihrer Bilder zu veranschaulichen, berichtet sie von einem Hahnen-Zen-Bild, für das einer Sage nach der Kaiser tausend Goldstücke entrichten sollte, obwohl es der Künstler vor seinen Augen in Sekundenschnelle auf das Blatt warf. Der Kaiser zahlte nicht ohne Murren. Darauf führte der Maler ihn in einen Nebenraum, der bis zur Decke mit bemalten Blättern gefüllt war. Sie alle zeigten nichts als Hähne: Übungen auf dem Weg zum vollkommenen Libidowurf.

Marylka Bender befindet sich auf demselben Weg, denn neben Menschen, Affen, Katzen und Zeichen malt auch sie Hähne. Den »jungen« Hennen und Hähnen aber empfiehlt sie, vorurteilslos sich einmal die »alten« anzuschauen. So wie »junge« Menschen Sympathien und Antipathien, positive und negative Einstellungen nebeneinander entwickeln, sollten sie auch in ihrer Haltung den »Alten« gegenüber unterscheiden lernen. Sie sollten sie schlicht als menschliche Wesen ansehen und beurteilen. Marylka Bender hat es geschafft, den Menschen vorurteilslos zu begegnen. Nach Zen-Auffassung ist diese Vorurteilslosigkeit die höchste Stufe der Erkenntnis, die reine Hingabe an das Sein, in der Marylka Bender ihr Wissen und Können an junge Menschen weitergibt, die wie ihre Lehrerin allmählich erkennen, daß der Weg des Lebens prinzipiell offen und ohne Abschluß ist.

Hans Carl Rademacher
Wieviel Rilke braucht der Mensch?

Hans Carl Rademacher, geboren am 19. Juli 1904 in Leipzig, Sohn der Dramatikerin Hanna Rademacher, Unternehmer. Verheiratet, lebt in Essen-Bredeney. Zahlreiche Privatpublikationen.

Für Hans Carl Rademacher ist die Bereitschaft, sich von einem Menschen, einem Kunstwerk, einer Landschaft oder von einem hohen Gedanken ergreifen zu lassen, letztlich das Geheimnis seiner jugendlichen Ausstrahlung. Dabei hat er das Glück, kerngesund zu sein. *Mens sana in corpore sano:* Diese alte Lösung hat er sich, der den Tag um sechs Uhr morgens bei jedem Wetter mit Kniebeugen, Kopfstand, Beinschnellen und ähnlichen Übungen im Freien beginnt, zum Vorsatz gemacht. Sportliche Betätigung ist noch heute das Fundament seiner geistigen Arbeit. Scin Hauptinteresse gilt dabei den seelischen, geistigen und metaphysischen Gegebenheiten des Menschen.

Der Tod ist für H. C. Rademacher die einzige Gewißheit, die er seit der Geburt in sich trägt. Er sieht ihn als die uns formende Grenze der Zeit. »Wenn kein Tod wäre«, so sagt er, »würden wir niemals zu einer Entscheidung aufgerufen sein. Unsere Existenz ginge ins Unendliche, und wir könnten immer wieder anders leben, ohne uns je entscheiden zu müssen. Da uns der Tod aber zu Entschlossenheit zwingt, ist er eigentlich nur eine Ergänzung des Lebens, eine Hinführung zu den ewig-gültigen Werten.«

Äußerlichkeiten haben für Hans Carl Rademacher immer weniger Bedeutung. »Jeder Weg beginnt damit, daß man etwas aufgibt«, gibt er zu bedenken und fährt fort: »Man muß sehen, daß man auf den letzten Weg, der ständig enger wird, zugeht, indem man von der dinglichen Welt innerlich Abschied nimmt, bis nur der Tod als das einzig Sichere noch vor uns steht.«

Hans Carl Rademacher, der die Welt von ihrer aktiven wie auch von ihrer kontemplativen Seite her betrachtet und kennt, der nicht abläßt, in immer neuen Publikationen auf die uns umgebende apokalyptische Zeit und deren Bedingungen zu verweisen, vereint in sich zwei scheinbare Gegensätze: die herzlose Welt der Wirtschaft und die herzvolle Sphäre der Dichtkunst. Als ehemaligem Vorstandsmitglied der Krupp AG und heute selbständigem Unternehmer mit hundertsechzig Angestellten war und ist es ihm ein besonderes Anliegen, einen Ausgleich zwischen dem Wirtschaftsleben und den Anforderungen der Geisteswissenschaften herzustellen. Er versucht die Härte ökonomischer Strukturen mit der zarten Offenheit der Dichtkunst zu verbinden. H. C. Rademacher weiß, daß heute das eine ohne das andere nicht bestehen kann und versucht deshalb, eine Symbiose herzustellen. Er hält einerseits vor dem »Bund Deutscher Industrieller« philosophische Vorträge und erklärt andererseits »weltfremden« jungen Dichtern wirtschaftliche Zusammenhänge. Darüber hinaus beherrscht er fünf Sprachen in Wort und Schrift und ist, wie Hans Urs von Balthasar ihn einmal nannte, ein schier unerschöpflicher Springquell.

Wer sich mit Hans Carl Rademacher unterhält, wird ständig indirekt auf die Mängel seines eigenen Wissens hingewiesen. Wie sehr solches Wissen jedoch *lebensnotwendig* ist, schildert er, indem er von seiner »Askese des Schweigens« berichtet. Als Angehöriger des Krupp-Direktoriums war er 1945 verhaftet worden, verbrachte fünf Wochen in Einzelhaft und sechzehn Monate im Hungerlager Recklinghausen. Als einzige geistige Stütze erwiesen sich damals die Quellen, die seine Jugend gespeist hatten. Goethe, Hölderlin, Hofmannsthal, Verhaeren, Carossa und Rilke. In Voraussicht seiner Gefangennahme hatte sich Hans Carl Rademacher ein kleines Buch zugelegt. Es gelang ihm, dieses in die Haft einzuschmuggeln. Er hatte darin die zehn »Duineser Elegien« handschriftlich eingetragen. Jeden Mittag sprach er die Verse zum Zellenfenster hinaus: »Wer, wenn ich schriee, hörte mich denn...« – Als er das Lager völlig ausgehungert wieder verlassen konnte, hatte sich bewiesen, daß die geistige Substanz für einen Menschen lebensrettend sein konnte. »Die meisten Gefängnisinsassen gingen seelisch zugrunde, weil sie nichts hatten, was sie in der Einsamkeit tragen konnte«, erzählt er rückblickend.

Hans Carl Rademacher braucht auch heute die Stunden der Versenkung und des kontemplativen Nachdenkens, er ist nach wie vor bemüht, alle ihm gegebenen Kräfte sich voll entfalten zu lassen, und ist gleichzeitig dankbar, daß seine philosophischen, theologischen und lyrischen »Dinge« ein Gegengewicht zu den Forderungen an den Unternehmer Rademacher bilden. Für die Weiterentwicklung seiner inneren Größe – auch im »Alter« – ist die Lyrik von entscheidender Bedeutung. Eine seiner Publikationen, eine Sammlung bedeutender Dichtung des Abendlandes, trägt als Titel den Hölderlin-Vers »...das am Herzen mir liegt, das Gedicht«. Am Ende des Vorwortes heißt es: »Daher mein Versuch, die noch erkannte Gestalt weiterzureichen, so wie es in den Klöstern, in den dunkelsten Zeiten des Mittelalters von einigen wenigen geschah, die damit kommenden Jahrhunderten die Kraft gaben, zu überstehen und in der so überlieferten Gestalt sich wiederzufinden.«

Der Grandseigneur mit dem unendlichen Zitatenschatz macht einen glücklichen Eindruck. Als er, den eine lebenslange Freundschaft mit Rilkes Tochter Ruth verband, sich 83jährig fragte, welchen Sinn das Leben in diesem »Alter« noch haben könne, kam er zu folgendem Schluß: »Ein verläßlicher Freund sein. Freude und Liebe schenken, die wesentlichen Dinge weitergeben, damit die Kette derer nicht abreißt, die noch darum wissen. Aus einem überströmenden Herzen helfen, wo immer es not tut. Alles, was geschieht, als die uns formen wollende Kraft Gottes ansehen. Dankbarkeit, Geduld und heitere Gelassenheit im Herzen tragen.« Um diese Gelassenheit zu erreichen, schlägt Hans Carl Rademacher vor, daß »junge« wie »alte« Menschen versuchen sollten zu erkennen, was ihrem Wesen entspricht, und dieses, ohne sich von äußeren Schwierigkeiten beirren zu lassen, unbedingt zu verfolgen. Nur so kann sich der Mensch zu dem entwickeln, was in ihn gelegt ist. Nur eine Selbstentfaltung in Einklang mit dem eigenen Inneren kann zu einem tiefen Glücksgefühl führen.

»Im Alter muß der Wille gespannt und die Lust zu bezwingen lebendig bleiben. Damit kann man sich immer neue Aufgaben stellen, an denen man wachsen wird. Manche fragen mich: ›Wie lange willst du eigentlich noch in der Firma so arbeiten wie jetzt, alles leiten, empfehlen und anordnen?‹ Dann antworte ich: ›Darüber habe ich noch nie nachgedacht.‹ Das Leitwort war für mich immer die Geduld. Wie die hl. Teresa von Avila sagt: ›Die Geduld, sie erreicht alles.‹ Und völlige Geduld haben bis zum Tode hin, meint dann schließlich, mit dem Willen Gottes übereinstimmen. Wenn man so denkt, kann einem eigentlich nichts geschehen.« Hans Carl Rademacher hat sich die Kraft, ursprünglich zu empfinden, bewahrt. Aus dem Glauben erwächst ihm die Geduld. Die Geduld, die ihn tragen wird, bis er an das Ziel seines Lebens gelangt ist.

In Rademachers Gedicht »Reifen« findet diese Daseinshaltung einen Ausdruck unvergleichlicher Art:

Im Äußern schwinden und verzichten,
Im Innern wachsen zu Gesichten,
Zur Weisheit, des Gedankens Blüte
Und zu des Herzens reiner Güte,
Die nichts begehrt und alles schenken will:
In ihr wird unser Wünschen still.

Ellen Schuster-Böckler
Es lebt nur der, der liebt

Ellen Schuster-Böckler, geboren am 14. November 1907 in Nürnberg, Modistin. Verwitwet, zwei Söhne, sieben Enkelkinder, fünf Urenkel; lebt in München.

Vor dem Tod hat sie keine Angst und wirklich »alt« fühlte sie sich nie. Von morgens acht Uhr bis abends um sechs arbeitet sie unermüdlich, entwirft Hüte für Theater und Film, Kollektionen für Modeschauen, Elegantes und Extravagantes für betuchte Kunden. Was die außergewöhnliche Kreativität aus der Arbeit ihrer Hände entstehen läßt und die Köpfe anderer ziert, gibt ihr inneren Auftrieb und »Jugend«. Sie leistet viel, mehr vielleicht als »jüngere« Menschen.

Ellen Schuster-Böckler ist auf das Sterben neugierig. Daß man geht und in der jetzigen Gestalt nicht wiederkommt, ist für sie ein normaler Prozeß, aber *wie* dies geschieht, interessiert sie brennend. Doch wünscht sie sich, daß sie einst schnell stirbt und dabei wie durch einen großen Tunnel schwebt, in dem es immer heller wird, je näher sie an sein Ende hinkommt. Hinter dem Tunnel gibt es für sie neues Leben, weil sie überzeugt ist, daß auf Erden nichts verlorengeht und alles in ein Neues umgewandelt wird. Die Seele verläßt den irdischen Leib und strebt »eines Tages« wieder einem neuen Körper zu. Daß sich die Seele vom Körper trennen kann, hat sie selbst erfahren und lebt daher auch in dem Bewußtsein, daß der Tod niemals ein Ende darstellen kann. Somit spricht sie nicht vom »Leben nach dem Tode«, sondern vom »Leben nach dem Leben«.

Um die Aufhebung der Grenzen verstehen zu können, wie sie Ellen Schuster-Böckler heute vollzieht, muß man wissen, daß die Tochter der berühmten Hutmacherin Ina Böckler in dem Internat Burtenbach aufwuchs, das für damalige Verhältnisse revolutionär modern war, ähnlich Summerhill in den sechziger Jahren. Lehrer und Schüler duzten sich, Kinder aus Ägypten, vom gesamten Balkan, Europäerinnen und Amerikanerinnen wurden ohne Rassen-, Religions- oder Standesschranken integriert und nach den gleichen Grundsätzen erzogen. Als Ellen Böckler das Internat verließ, schrieb ihr eine Lehrerin einen Spruch in das Poesiealbum, der seine Gültigkeit bis auf den heutigen Tag nicht verloren hat und der als Motto über dem gesamten Dasein der Hut- und Lebenskünstlerin stehen könnte: »Auf keinen Fall geselle Du / der Mittelmäßigkeit Dich zu. / Hast Du Dich erst mit ihr vertragen / wird es Dir bald bei ihr behagen. / Bis Du, Du weißt nicht wann und wie, / genau geworden bist wie sie.«

Nach dem Tod ihres Mannes im Zweiten Weltkrieg lebte Ellen Schuster-Böckler die ersten Jahre sehr eng mit den Kindern zusammen und wandte sich erst allmählich auch anderen Personen in Liebe zu. In der Zeit des Wiederaufbaus wurde der Familie in ihrer großen Wohnung ein Student zugewiesen, mit dem Ellen Schuster-Böckler vom ersten Augenblick an eine innige Freundschaft verband. »Eines Abends«, so berichtet sie, »steht er während des Essens auf, kommt auf mich zu und sagt: ›Würden Sie es als sehr seltsam empfinden, wenn sich ein viel jüngerer Mann in Sie verliebt hätte?‹ Ich lachte ihn an, und er nahm mich einfach in seine Arme. So begann eine Liebe, die über viele Jahre andauerte. Was ich aber als besonders schön empfand, war, daß wir in dieser Zeit sehr viel über meinen verstorbenen Mann gesprochen haben. Es war, als ob er miteinbezogen gewesen wäre.« Andere, langjährige und tiefe Freundschaften stets mit jungen Männern folgten.

Als Ellen Schuster-Böckler achtundsechzig Jahre alt war, verliebte sich abermals ein wesentlich »jüngerer« Mann in sie. Der Altersunterschied betrug ein halbes Jahrhundert. Es war, wie sie sagt, ihre schönste Freundschaft, weil sie sich die Liebe zu einem um so viel »jüngeren« Menschen zunächst gar nicht hatte vorstellen können. Aber diese Beziehung war mit einem solchen Übermaß an Herz, Seele und Geist erfüllt, daß sie beiden als das Selbstverständlichste der Welt vorkam: Ihre »extreme« Liebe hatte alles Mittelmäßige hinter sich gelassen, bestehende Grenzen ihre Geltung verloren. Bei allen jüngeren Männern, die Ellen Schuster-Böckler in ihrem Leben begegnet sind, wußte sie stets um die zeitliche Begrenztheit dieser Freundschaften. Dennoch stehen die Freunde noch heute allesamt in irgendeiner Form mit ihr in Verbindung. Sie besuchen sie mit ihren Frauen oder Partnerinnen, bringen ihre Kinder mit oder kommen allein mit einem Buch oder einer Blume. Als sie ihren achtzigsten Geburtstag feierte, waren alle um sie – nicht als lebendige Vergangenheit, sondern eher als lebende Gegenwart.

Ellen Schuster-Böckler ist eine Frau mit sehr viel Herzenswärme. Sie glaubt, daß es in unserer schnellebigen

Zeit nur mehr wenige Menschen gibt, die ein wirkliches Interesse am anderen aufbringen und ihn ganz in ihr Herz einschließen. Diese Erfahrung macht sie auch auf Mykonos, wo sie fast jedes Jahr ihre Ferien verbringt. Die griechische Kykladeninsel scheint ideal für Ellen Schuster-Böckler, die in der Liebe zwischen zwei Menschen keine Grenzen kennt. Dort sind die Barrieren zwischen Sprachen, Menschen und Lebensarten aufgehoben. Dennoch schlägt der Lebenskünstlerin, wenn sie extravagant gekleidet in einer der zahllosen Diskotheken der Insel tanzt, gelegentlich *Seinsneid* entgegen – und dies gerade von *jungen* Menschen. Wer spürt, daß er nie so frei sein wird wie diese 80jährige, zeigt deutlich Eifersucht und beweist einmal mehr die Unfähigkeit, eingeimpfte Vorurteile abzulegen. Unbekümmert merkt Ellen Schuster-Böckler von alledem nichts, oder aber sie übersieht es mit ihren strahlenden Augen. In ihrem Blick ist die Stärke abzulesen, die sie aus der Liebe geschöpft hat. Diese innere Kraft überträgt sich auf ihre Umgebung.

»Ich habe durch mein Geschäft«, erzählt sie, »sehr viel mit jungen Leuten zu tun, und oftmals entsteht ein Gespräch. Wenn ich dann sage, daß ich achtzig bin, sind sie völlig überrascht und können es kaum glauben. Ich aber weiß, daß dies nur durch die Liebe, die Liebe zum Leben, die Liebe zu den Mitmenschen, auch zu fremden kommt. Anscheinend trage ich einen großen Vorrat an Liebe in mir. Auch meine Hüte mache ich aus Liebe und mit Liebe. Ich glaube, das ist mein ganzes Geheimnis.«

Ellen Schuster-Böckler wirkte kürzlich in einem Fernsehfilm mit, in dem Frauen, die nicht altern wollten und sich »verschönern« oder »verjüngen« hatten lassen, mitsamt ihren Ärzten und Chirurgen zu Wort kamen. Auf eigenartige Weise schienen sie alle sehr frustriert. Ellen Schuster-Böckler trat als einzige »naturbelassene« Frau in diesem Film auf und erlebte einen großen Erfolg. Die Zuschauer reagierten mit Begeisterung. Sie erhielt Briefe aus ganz Deutschland und wurde auf der Straße angesprochen. »Es war zu komisch«, erklärt sie.

Für ein erfülltes und positives Leben auch im »Alter« gilt für sie folgende Devise: »Sich niemals gehen lassen. Immer Kopf hoch und durch, auch wenn es noch so schwer ist. Immer etwas suchen, das interessiert und elektrisiert; auf keinen Fall zurückstecken, sondern aktiv bleiben, so lange es der Körper zuläßt. Natürlich gibt es Zeiten, in denen man körperlich so schlecht dran ist, daß man keine Kraft mehr in sich spürt. Es ist wichtig, sich dagegen zu wehren und den Kopf nicht hängen zu lassen. Sicher werde ich auch wieder solche Phasen durchmachen. Dann denke ich an die schönen Zeiten, die ich hatte, an all die Liebe, die auf mich zugekommen ist, und aus Dankbarkeit werde ich auch das überstehen.« Ellen Schuster-Böckler wundert sich nicht, daß ständig junge Menschen ihre Nähe suchen. Wie auch, wo sie doch selbst voller Entdeckungsdrang nur eines im Sinn hat: den Menschen.

Margarete Schott
Die Mystik des Atoms

Margarete Schott, geboren am 1. April 1908 in Oppeln (Oberschlesien), Antiquitätenhändlerin, Dichterin, Mystikerin. Geschieden, eine Tochter, ein Sohn. Lebt in Seeon im Chiemgau. Veröffentlichungen: Das Ammonshorn (1978), Planet ohne Liebe (1985).

Zu Zeiten der Inquisition hätte man sie verbrannt, als Hexe und Teufelin – wegen blasphemischer Gotteslästerung. Sie bezeichnet sich selbst als Spitze eines fünfhundertjährigen Berges von Lehrern und Pfarrern, nur daß sich diese Spitze nicht in einem Fortleben alter Traditionen auswirkt, sondern eher ins Gegenteil umschlägt. Wer sich mit Margarete Schotts unchristlicher, aber tief religiöser Dichtung vertraut machen möchte, kann nicht einfach in ihren Büchern herumblättern. Zu stark ist einerseits die Strahlkraft, die von diesen Versen ausgeht, zu hell das hölderlinsche Licht, das vielen Worten dieser mystischen Lyrik entspringt, die von einem völlig andern Gott handelt als jenem, durch die Religionsgeschichte bekannten. Zu hart und schockierend aber ist andererseits ihr Denken, mit dem sie ihre Zeitgenossen ohne Verklärung oder esoterische Verschönerung bei Lesungen konfrontiert. Eine Ahnung von ihrer Radikalität gibt ein Auszug aus dem Gedicht »Apokalypse«:

Es explodieren
die Völker der Erde!
Es platzen die Bäuche
der schwangeren Weiber
in Windeseile
und sie gebären
elende Kinder
und Krüppel zuhauf.
Aus Mutterbrüsten
tropft Quecksilbermilch.

Zerstückelte Leichen
liefern Organe
den Todgeweihten.
An Blut-Waschmaschinen
hängen die Opfer
mit Cadmiumnieren.
Denn niemand darf sterben!
Sie werden gepäppelt
und aufbewahrt
für den Atomtod.

Weil's noch nicht genug gibt
an Menschenmilliarden,
ist es jetzt Mode,
schamlos und geil
den männlichen Samen
abzuzapfen
und kunstvoll pervers
Retortenbabys zu zeugen,
Klistierbesamung
den glücklichen Kühen!

Margarete Schott ist nicht nur eine Dichterin der Offenbarung, sondern wird in Fachkreisen auch als bedeutende Antiquitätenhändlerin gerühmt. Damit sind die zwei Haupteigenschaften von Margarete Schott genannt: die Möglichkeit eines täglichen Gelderwerbs und ihre lebenslange, schon mit dem dritten Kindheitsjahr einsetzende Gottsuche, so daß sie sich später selbst »Angela Silesia« nannte. Als sie im Kloster Frauenchiemsee eine Antwort auf ihre metaphysischen Fragen erhoffte, rieten ihr die Nonnen, den lebendigen Gott außerhalb zu suchen. Erst lange Zeit darauf fand sie ihn für sich.

Margarete Schott erzählt von ihren Visionen, die maßgeblich für ihr jetziges Leben waren, und setzt sie in das Gedicht »Vom Schauen Gottes« um:

Als ich der Welt entsagt und allen Menschendingen,
Konnt ich den großen Gott in meine Seele zwingen.

Wer kennt die Seligkeit, nur noch in Gott zu leben
Und alles, was man hat, mit Freuden hinzugeben.

Sogar mein eigen Kind bot ich mit Tränen an,
Es stand noch zwischen uns – doch Gott nahm es nicht an.

Das Opfer wär zu groß für ihn und mich gewesen,
Er nahm mir nicht mein Kind, ich gab mein ganzes Wesen.

Doch noch in jener Nacht, da hab ich ihn geschaut,
Vor meinem geistgen Aug hat er sich aufgebaut.

Er kam als weißes Licht um einen Feuerbrand,
Als Stoff und Energie, als Kugel ohne Rand.

Er war ein tiefes Meer, das in der Kugel lag,
Er drang in mich hinein mit einem Wellenschlag.

Der Elemente vier sah ich in ihm geschicht',
Das Wasser und die Erd, das Feuer und das Licht.

So trage ich sein Bild in mir, solang ich lebe,
Bis ich dereinst zu ihm aus meinem Leib entschwebe.

»Für mich ist jedes Wesen, jedes Tier, jede Wolke göttlich«, sagt Margarete Schott, »weil sie alle aus der Herz-Mitte dieser Gottheit kommen. Wenn aber Hoimar von Ditfurth behauptet, ›Am Anfang war der Wasserstoff‹, so muß ich ihm auf die Finger klopfen und mahnen: ›Ihr Wissenschaftler, es geht einfach nicht ohne Gott.‹«

Margarete Schott nennt ihren Gott »Urfeuergott«. Er ist für sie das gewaltige Feuer, das sich bei der Entstehung der Welt ins Nichts ergoß. Gott ist gleich das Gute, das Positive, das Lebendige, das Leben selbst. »Ich knie nieder vor einer Blume reinem Angesicht«, schrieb sie einmal. Alles ist für sie durchgottet. Sie geht vollkommen in der Natur der Erde auf, läuft – wenn es erlaubt ist – barfuß, gibt sich den Sonnenstrahlen und dem Regen preis, um die Gottheit auch körperlich fühlen zu können.

Margarete Schott, die schon als Kind zu dem Schluß kam, daß keine Zeit existiert, sondern nur Bewegung und Ortsveränderung, ist selbst lebendiges Ur-Feuer, lebendiges Ur-Gestein. Mit kraftvoller kämpferischer Stimme, mit steter Ungeduld, versteht sie es, aus zweifelnden Christen aufrechte Naturmetaphysiker zu machen. Sie schenkt ihren Zuhörern und Lesern ein Gefühl der Stärke und Geborgenheit in der ewigen Kraft. Keineswegs verführt sie wie ein Guru zum Mitgehen, sondern läßt im Gespräch an ihrem Erkenntnisprozeß teilnehmen. Ihre Weltschau drückt sie in dem Gedicht »Vom All und vom Nichts« aus:

Das All fliegt durch das Nichts wie durch die Luft der Ball –
Das All rotiert im Nichts, das Nichts umhüllt das All.
Das All, es atmet aus und atmet wieder ein –
Das Nichts ruht ewiglich und birgt in sich das Sein.
Das All ist positiv und negativ das Nichts.
Das Nichts ist Dunkelheit – das All der Quell des Lichts.
Wie könnt das All entstehn, wie könnt es überfließen,
Könnt sich's nicht ungehemmt ins leere Nichts ergießen!
Wär nicht das All der Gott, der Riese, das Gewicht,
Dann wär das Nichts der Gott – und diese Welt gäb's nicht.

Margarete Schott orientiert sich in einer göttlichen Erde, nicht aber an dem Menschen, den sie ein entartetes Tier, einen »schlechten« Affen nennt. Von Philosophen, Theologen und Naturwissenschaftlern hält sie kaum etwas, weil diese »die gescheitesten und dümmsten Leute zugleich sind, was einer Strafe für sie gleichkommt.« Sie meint, es sei an der Zeit, daß die Erde sich wieder von einer »Menschenbrut« befreie, die die Göttlichkeit der Welt tagtäglich mit neuen Schandtaten besudle. Für sie gibt es weder Himmel noch Hölle, weder Teufel noch Engel, für sie existiert nur das göttliche Leben selbst.

Vor dem Tod hat Margarete Schott keine Angst. »Es gibt in diesem Sinne keinen Tod«, sagt sie. »Man zerfällt nur in Atome, die besser ›Tome‹ heißen sollten, weil sie eben *nicht* unspaltbar sind, was der Begriff eigentlich ausdrückt. In dem Moment, in dem die Verwesung eintritt und man in diese ›Tome‹ zerfällt, die selbst wiederum zerfallen, bildet die Erde etwas Neues daraus. Wenn man die Erde liebt, gönnt man ihr das.«

Margarete Schott behauptet von sich selbst, eine Hexe zu sein, da sie schon mehrfach Menschen, die ihr schaden wollten, verflucht habe, worauf diese auch bald gestorben seien. Sie versteht sehr wohl, wie sie als »Advocatus Dei« gleichzeitig eine Hexe sein kann, da sie nur durch die Kraft des ihr innewohnenden Gottes gegen das Böse und das Zerstörende anzukämpfen imstande ist. Als vielleicht letzte »schlesische Mystikerin« lehnt sich die fromme Heidin gegen das System der Welt-Lügen und Erd-Vergewaltigungen auf. Die Weisheit der Urvölker trägt sie in sich und verweist in wortgewaltiger Rede auf den Urfeuergott, der sein Lied durch ihren sibyllinischen Mund singt und durch sie zu der »Mißgeburt Mensch« spricht, solange sie selbst als Mensch atmet.

Wenn im Laufe der letzten Seiten der Eindruck entstanden ist, daß das Leben der hier aufgeführten Personen voll unkritischer Bewunderung geschildert wurde, so ist dies nicht ganz falsch. Doch der Respekt vor ihrer geistigen Kraft und dem Einsatz, mit denen sie sich über alle falschen ethischen und sozialen Grenzen hinwegsetzen, dominiert alle anderen Eindrücke, die die Begegnung mit diesen Persönlichkeiten in mir hinterlassen haben. Ihre innere »Wildheit« und die Entschlossenheit, mit der sie ihr Leben höheren immateriellen Zielen verschrieben haben, ist für mich weitaus faszinierender als die Kultur einer Generation, die Superstars und Star-Wars erfindet. Wenn ich lese, daß das 35jährige Popidol Michael Jackson einhundertfünfzig Jahre alt werden will, kann ich ihm nur viel Glück bei seinem Vorhaben wünschen. Da er aber angeblich in Mineralwasser badet, im Sauerstoffzelt schläft und aus Angst vor Bakterien einen Mundschutz trägt, habe ich nicht unbedingt den Eindruck, als ob er einen gangbaren Weg gefunden hätte, dieses Traumalter zu erreichen. Somit gilt meine Bewunderung eben nicht Michael Jackson, sondern Otto Mainzer, Raimondo della Torre e Tasso, Lea L'Orange, Marylka Bender, Robert Jagitsch, Hans Carl Rademacher, Ellen Schuster-Böckler oder Margarete Schott.

Was mit mir geschieht …

Ich trete vor den Spiegel und blicke mich an. Ich trete vor den Spiegel meines Inneren. Während ich dieses Buch über das »Alter« als ein Plädoyer für ein Leben ohne Grenzen niederschreibe, bin ich nicht einmal halb so »alt« wie die Bürgen meiner Vorstellungen. Ich stelle mir die Frage, ob ich eines Tages, wenn ich selbst »alt« bin – vorausgesetzt ich erreiche und akzeptiere dieses »Alter« – auch von einer Jugend angeklagt werde, der die Notwendigkeit anerzogen wurde, in einem gesellschaftlich bedingten Prozeß immer jugendlich bleiben zu müssen.

Ich trete vor den Spiegel und blicke mich an. Der Doppelgänger in mir beweist Mut. Er fürchtet das »Alter« nicht, ist er doch pazifistisch gestimmter Anarchist, Rebell und Untergrundkämpfer, der will, daß ich seiner Sache diene. »Möchtest du ›alt‹ werden und sterben?« fragt der Doppelgänger. »Ich habe zunächst Begehr zu leben«, antworte ich. »Ich neige«, spricht der Doppelgänger, indem er mir aus den »Iden des März« vorliest, »zu einer Theorie, nach der es für jeden von uns ein bestimmtes Lebensalter gibt, auf das es uns hinzieht, wie Eisenfeilspäne auf den Norden. Marcus Antonius ist ewig sechzehn, und die Unstimmigkeit zwischen diesem Alter und seinen gegenwärtigen Jahren bewirkt einen immer traurigeren Anblick. Mein guter Freund Brutus ist schon seit seinem zwölften Lebensjahr ein bedächtiger und gesetzter Fünfziger. Caesar hält bei vierzig – ein Janus, der unentschlossen zur Jugend wie zum Alter hinblickt. Was meinst du, wäre nicht ein entschlossener Caesar, der sowohl zur ›Jugend‹ wie auch zum ›Alter‹ blickt, gleichzeitig aber alle Stadien menschlichen Seins durchmißt, deinem Idealbild zuträglich?« – »Das wäre es«, gebe ich zurück, »wenn es sich nicht um Caesar handelte.«

Ich trete vor den Spiegel, blicke mich an, blicke den Doppelgänger an. Morgen werde ich ein anderes Gesicht wahrnehmen, morgen ein neues Inneres. Der Doppelgänger und ich verschmelzen.

Wir stellten uns den »alternden« Menschen vor, in seinem Verhältnis zur und in der Zeit, zu und in seinem Körper, zu und innerhalb der Gesellschaft, zu und in seinem eigenen Tod. Wir betrachten alt (und) jung, Frau (und) Mann, Geist (und) Körper (und) Seele, Tod (und) Leben als Einheit, als ganzheitlichen Ausdruck der Wirklichkeit, auch wenn eine gegenwärtige hochtechnokratische Überfluß- und Dienstleistungsgesellschaft sich dieser Weltschau nicht anzuschließen vermag. Sie wird im Sezieren, Messen und Wägen, im Katalogisieren, Einteilen und Analysieren ihr ursprüngliches Vermögen, Mensch in Welt und Welt in Mensch zu sein, verspielen. Wir stellten diesem Vorgang ein Leben ohne Grenzen entgegen, weil dieses für uns das *natürliche* Leben bildet und nicht erst als *kulturelle* Leistung aufscheinen muß. Wir sprachen von einer Zeit, in der Grenzen nicht nur fließend sind, sondern a priori nicht existieren, in der es keine Diskussionen über Grenzgebiete und Grenzverletzungen gibt und der globale Vernichtungswahn sich selbst ad absurdum geführt hat. Der Traum von ewiger Jugend wird dann verschwunden sein, wenn die Menschen weder »jung« noch »alt« sind, sondern autonome vernünftige Persönlichkeiten, Menschen, die niemals Opfer und niemals Täter sein werden.

Die Vision einer angst- und haßbefreiten Zukunft mag etwas Rührseliges an sich haben. Was jedoch, wenn diese Idee in *Wahrheit* gar nicht so rührselig ist, wenn sie tatsächlich ein erstrebenswertes Lebensziel darstellt? Mit Nachdruck muß auf die Fragwürdigkeit eines Lebensprogramms hingewiesen werden, das »Jugend« vergöttert und »Alter« verdammt. Sicher kündigt sich gegenwärtig eine leichte Korrektur und ein geringer Wertewandel an. Die Frage aber, wie ein menschengemäßes Dasein zu gestalten sei, hat nichts an Dringlichkeit verloren. Eine positive Problemlösung hängt zu einem Großteil auch davon ab, wie mit dem Phänomen »Alter« insgesamt nicht erst morgen, sondern heute schon umgegangen wird. Jungbrunnen, Zaubermittel und zweifelhafte Ergebnisse der Gentechnologie lösen die wirklichen Schwierigkeiten nicht. Einzig eine grundlegend veränderte Einstellung zum Menschen und seinem Lebensraum, einzig eine radikale Gesellschaftsreform kann uns vor einer Apokalypse bewahren.

Man kann Wunder nicht herbeischreiben, man kann aber daran arbeiten, daß sie geschehen. Ein Buch wie das vorliegende zu verfassen, setzt eine Befreiung vom gewohnten, antrainierten Denkmechanismus voraus; ebenso eine Loslösung von Angst. Von den Wundern, welche die in diesem Buch versammelten jungen 80jährigen bezeugen, mag mancher sich ergreifen lassen und daraus Schlüsse für das eigene Dasein ziehen. Nur wenige wie jene, die gemeinsam mit mir für ein Leben ohne Grenzen plädieren, werden nachkommen. Die Hoffnung auf ein Erreichen des gesetzten Zieles ist getrübt. Es bleibt uns gegenwärtig nur, soviel zu einer nötigen Veränderung der Gesellschaft und ihres Bewußtseins vom »Alter« beizutragen, als es uns kraft der aufrüttelnden Provokation möglich ist. Wir können nur immer von neuem mit der eigenen Person die Bedeutung und die Auswirkung einer vorurteilslosen und geistig offenen Auseinandersetzung vorleben und Unzulänglichkeiten des herrschenden Gegenwartsbewußtseins beleuchten. Vielleicht werden eines Tages die »Alten« nicht mehr länger ausgegrenzt sein, verdrängt und abgeschoben. Vielleicht gelten sie dann nicht mehr als unbequem, starrsinnig und verkalkt, als unproduktiv und unkreativ, sind keine unangenehme Last mehr, die man notgedrungen tragen muß. Ich selbst werde dann unter ihnen sein und überlegen, ob ich dieses Buch noch einmal zu schreiben habe.

Alter als Herausforderung

Eugene C. Bianchi
Mit den Jahren gehen
Ein Wegbegleiter für ein schöpferisches Älterwerden
Band 11294

Rita E. Biebricher
Richtig wohnen - selbständig bleiben bis ins hohe Alter
Band 10420

Bärbel Döhring (Hg.)
Zu Hause leben oder im Altersheim
Eine Entscheidungshilfe für ältere Menschen und ihre Familien. Band 3535

Mascha M. Fisch
Jeder ist seines Alters Schmied
Vorbereitung auf den aktiven Ruhestand. Band 3540

Reimer Gronemeyer
Die Entfernung vom Wolfsrudel
Über den drohenden Krieg der Jungen gegen die Alten
Band 10430

Johannes Kipp/Gerd Jüngling
Verstehender Umgang mit alten Menschen
Eine Einführung in die praktische Gerontopsychiatrie
Band 11463

Erich Schützendorf/ Helmut Wallrafen-Dreisow
In Ruhe verrückt werden dürfen
Für ein anderes Denken in der Altenpflege. Band 10516

Christel Schachtner
Ein neues Leben
Alt werden in der Wohngemeinschaft. Band 4614

Fischer Taschenbuch Verlag

fi 1532 / 3